中等职业学校汽车制造与检修专业新课程教学用书

汽车制造工艺

QICHE ZHIZAO GONGYI

王利容　邱伟杰◎主编

人民交通出版社股份有限公司
China Communications Press Co.,Ltd.

内 容 提 要

本书包括汽车制造工艺过程的认识、工件的装夹、机械加工工艺规程的制订、汽车车身的制造、整车装配5个项目,以任务引领,辅以大量案例解析,便于读者掌握。

本书既可作为中职学校汽车制造类专业学生的教学用书,也可以作为汽车制造企业职工技能培训教材和其他从事相关专业人员的参考书。

图书在版编目(CIP)数据

汽车制造工艺 / 王利容, 邱伟杰主编. —北京 : 人民交通出版社股份有限公司, 2015.2

ISBN 978-7-114-11970-5

Ⅰ.①汽… Ⅱ.①王…②邱… Ⅲ.①汽车—生产工艺—中等专业学校—教材 Ⅳ.①U466

中国版本图书馆 CIP 数据核字(2015)第 032662 号

Qiche Zhizao Gongyi

书 名: 汽车制造工艺
著 作 者: 王利容 邱伟杰
责任编辑: 林宇峰 李 洁
出版发行: 人民交通出版社股份有限公司
地 址: (100011)北京市朝阳区安定门外外馆斜街3号
网 址: http://www.ccpress.com.cn
销售电话: (010)59757973
总 经 销: 人民交通出版社股份有限公司发行部
经 销: 各地新华书店
印 刷: 北京鑫正大印刷有限公司
开 本: 880×1230 1/16
印 张: 7.75
字 数: 186千
版 次: 2015年2月 第1版
印 次: 2019年1月 第2次印刷
书 号: ISBN 978-7-114-11970-5
定 价: 23.00元

中等职业学校汽车制造与检修专业新课程教学用书

编 委 会

序

INTRODUCTORY

2009年以来，我国汽车产销量一直位列全球第一，稳居全球最大的一手车市场。广州作为全国重要的乘用车生产基地，聚集了广汽丰田、广汽本田、东风日产等合资企业和广汽集团乘用车有限公司等自主品牌企业。近年来职业院校为我国汽车制造行业提供了强有力的人力资源支撑，但职业院校培养的毕业生与汽车制造企业对一线技术工人的要求相比，仍存在职业能力、职业素养等方面的差距，职业学校必须与行业骨干企业开展深度合作，共同培养专业教师，开发专业核心课程，规划和建设专业教学环境，进一步完善专业课程教学中所需的教材，使之更加适应中职学生培养定位、符合中职学生认知规律、满足汽车制造企业需求。

好的教材必须具有适应企业岗位需求的学习内容并同时适合中职学生的学习方式，为此，我校汽车制造与检修专业的教师虚心学习省内外优秀职业院校在专业定位、课程体系建设、专业课程开发和校企合作等方面的经验，参访广州市各大汽车制造企业及员工培训中心，学习企业先进的员工培训经验和做法。该系列教材针对中职学生的培养目标，选取汽车制造生产一线的典型工作任务并进行教学化处理，对汽车系统结构、系统原理、制造工艺、检测工艺、工量具使用、质量标准、技术资料查阅、作业指导书、安全生产和劳动组织方式等学习内容进行科学整合，形成相应的学习任务，将专业能力与关键能力培养、学习过程与工作过程融为一体，充分体现“做中学”、“学中做”和快乐学习的理念，将必要的理论知识结合在实践过程中进行“理实”一体化的学习，学习任务体现完整的行动过程。在学习过程中培养学生良好的质量意识、成本意识、效率意识，以及安全生产、规范操作、精益求精、团结协作的汽车制造企业一线技术人员所需的综合职业素养。学校与广汽丰田、广州本田和广汽集团乘用车有限公司等汽车制造企业建立了深度的校企合作关系，在此基础上开发的该系列教材作为我校创建国家改革发展示范校重点建设专业的重要成果得到了评估专家和汽车制造企业技术人员的一致好评。

我深深地为这套凝聚了学校教师与企业技术人员共同智慧结晶的教材感到欣慰，对企业相关技术人员以及撰写教材的每一位教师表示衷心的感谢。希望这套教材能为汽车制造与检修专业课程的改革提供积极而富有价值的尝试，能够促进区域经济建设和汽车制造与检修职业教育的发展。

广州市交通运输职业学校校长　刘建平

2015年1月19日于广州

前言

PREFACE

本书根据中等职业教育要求，通过对广东省汽车制造企业调研分析，针对已经变革的、社会化配套的、新的汽车生产模式，基于汽车整车与零部件制造工艺的特点，从企业实际需求出发，结合中职学生学习特点，系统地介绍了汽车制造工艺基本理论和具体的工艺方法。

本书以"需要""够用"为度，共设计了汽车制造工艺过程的认识、工件的装夹、机械加工工艺规程的制订、汽车车身的制造、整车装配5个项目，以任务引领，辅以大量案例解析，便于学生掌握知识。通过本课程的学习，使学生在获得汽车制造工艺知识的同时，拓展视野，增强汽车制造质量意识，为后续专业课程打下坚实的基础，为学生毕业后从事汽车制造工作奠定一定的工艺基础，更好地满足现代汽车工业高速发展对中职人才的需求。

本书由王利容、邱伟杰任主编，王利容负责全书统稿；其中项目1、项目2、项目3、项目5由王利容编写；项目4由邱伟杰编写。

本书在编写过程中得到了汽车整车与零部件制造企业的大力帮助和支持，得到了黄凤环工程师的精心指导；书中用到了多家广东省汽车制造企业的资料，在此一并表示衷心的感谢！

由于编者水平、资料等局限，书中难免有疏漏和不当之处，恳请专家和读者批评指正。

编者

2014年10月

目 录

CONTENTS

项目1　汽车制造工艺过程的认识

项目目标

1. 了解汽车的生产制造过程；
2. 叙述机械加工工艺过程的组成；
3. 了解生产纲领与生产类型；
4. 了解机械制造工艺文件。

由于汽车的种类和型号众多，整车结构复杂，零部件数量众多，加之生产批量大和生产效率高等特点，使得汽车生产制造具有自身的特点和要求，即汽车零部件生产专业化、标准化和高度的自动化，汽车成车生产集团化、机械化和电子化。

任务1 汽车生产过程的认识

如图1-1所示，汽车生产制造过程中涉及铸造、锻造、机械加工、冲压、焊接、热处理、化工油漆、轻工纺织、电子电器等生产领域，是一个跨专业综合性的生产制造过程。

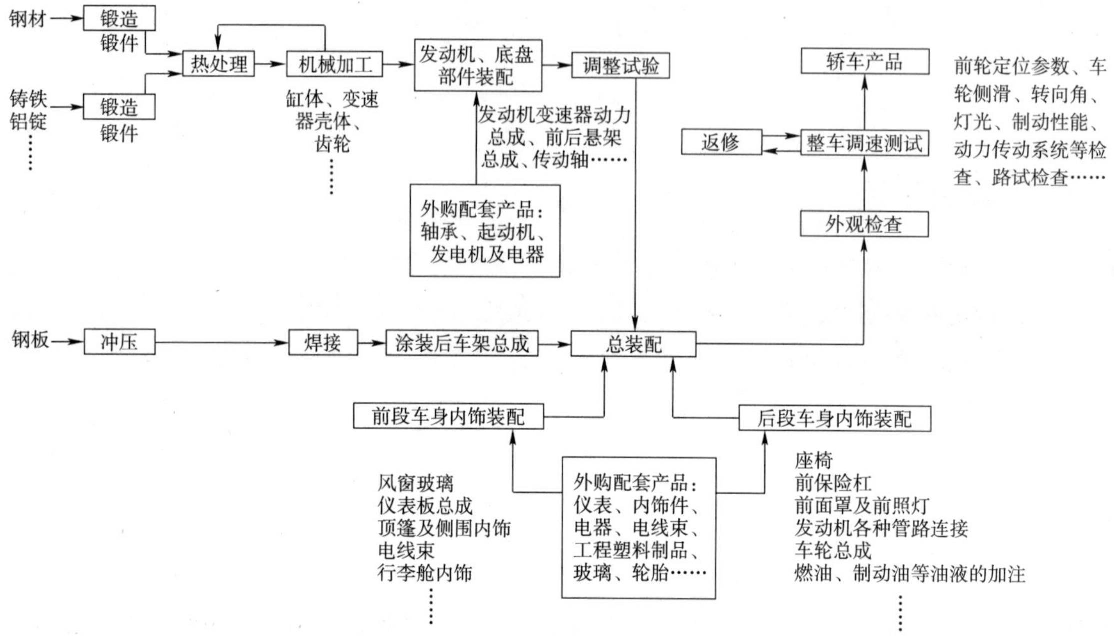

图1-1 汽车生产过程方框图

汽车的生产过程与其他机械产品生产一样，由原材料—毛坯—加工—装配成总成，还包括毛坯、半成品及零部件的采购、运输与储存，质量检验，性能测试等，形成了一个庞大的信息流和物资流。

小词典

汽车生产过程：指将原材料或半成品通过各种加工工艺过程制成汽车零件，并将零件装配成各种部件和总成，最后将其组装为整车的全过程。

工艺过程：在生产过程中，改变生产对象的形状、尺寸、相对位置和性质等，使其成为成品或半成品的过程。

汽车制造的工艺过程主要包括毛坯的成型、热处理、零件的机械加工、总成或部件及汽车产品的装配等工艺过程。

自20世纪80年代起，国际上各大汽车制造企业纷纷将原来从属于汽车整车制造企业的汽车零部件制造企业剥离出来，成立具有独立、自主研发能力的汽车零部件制造公司，由过去汽车制造企业的内部配套变为全球范围内的社会化配套。如日本电装、德国博世等企业。汽车整车制造企业的生产内容只剩下四大部分，即“冲压、焊装、涂装、总装”；汽车零部件企业按照专业协作的方式进行多品种、大规模的专业化生产，如此既可保证产品质量，又可大幅降低生产成本。为了适应汽车总成部件多品种、大规模生产的需要，相继投入使用各类先进、高效的生产设备，如数控机床、加工中心、复合加工机床等。

小提示

1. 冲压工艺

在冷态下，利用安装在压力机上的冲模，使板料产生分离和变形，获得所需的结构件。汽车板件的冲压成型，特别是车身大型覆盖件的成型，应采用大吨位压力机，加之汽车板件种类多，数量大，应采用成型能力强(总吨位大)的压力机。

2. 车身焊装工艺

轿车的车身、车门等是各部分冲压结构件通过焊接而成。生产线上设置专用工装，配置现代汽车的工艺机器人，采用现代汽车的焊接设备，生产线在计算机控制中心站的监控下，能实现全方位的自动装配、自动焊接和质量检测与控制。

3. 车身涂装工艺

汽车车身属于多层涂装，包括涂装前的表面处理(清洗、脱脂、磷化、钝化)、底漆、中间涂料和面漆等复杂的涂布工艺过程，只有采用现代汽车高效的涂布方法和工艺，才能保证汽车的表面涂装既有极高的装饰性，又具有较强的耐久性。此外，还采用现代汽车的环保工艺和管理技术。目前，大部分汽车制造企业的轿车车身都采用机械手喷涂。

4. 总装工艺(整车装配工艺)

总装工艺以车身为基准件，把各总成安装在车身上成为一辆轿车。

任务2 机械加工工艺过程的组成

工序的划分与生产类型有关，如图1-2所示的阶梯轴，单件、小批生产时其工艺过程见表1-1；大批、大量生产时其工艺过程见表1-2。

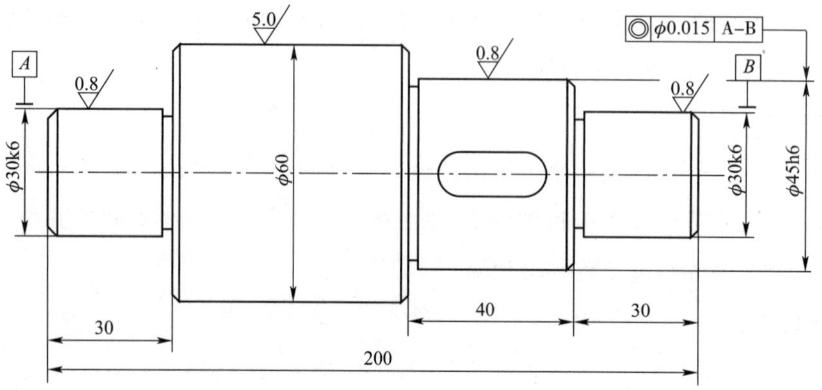

图1-2 阶梯轴简图（单位：mm）

阶梯轴加工工艺过程（单件、小批生产） 表1-1

工序号	工序内容	设备	工序号	工序内容	设备
1	车端面、钻中心孔	车床	2	铣键槽、去毛刺	铣床
	粗、半精车外圆、车槽与倒角	车床	3	磨外圆	磨床

阶梯轴加工工艺过程（大批、大量生产） 表1-2

工序号	工序内容	设备	工序号	工序内容	设备
1	两端同时铣端面、钻中心孔	铣端面、钻中心孔机床	4	铣键槽	铣床
2	车一端外圆、车槽与倒角	车床	5	去毛刺	钳工台
3	车另一端外圆、车槽与倒角	车床	6	磨外圆	外圆磨床

小词典

机械加工工艺过程是由一个或若干个顺序排列的工序组成的，而工序又可分为安装、工位、工步和走刀。

工序：由一个或一组工人，在一个工作地或一台机床对同一个或同时对几个工件连续完成的那一部分工艺过程。

如表1-1和表1-2所示两种加工工艺过程，在同一台车床上进行粗车和精车，既可以划分为一个工序，也可以划分为两个工序。划分工序的依据是工作地点是否变化和工作是否连续。

表1-1工艺过程中，工序1的加工内容在表1-2工艺过程中分别在两台机床上加工，所以变成两道工序（工序1、工序2）。可见，只要工件更换到另一台机床上加工，则为另一道工序。

小提示

同一台车床上对一件工件先后进行粗车和精车，粗、精加工连续，应划分为一个工序。但同一台车床上对一批工件先进行粗车、然后再对这批工件进行精车，此时对每个工件来说，粗、精加工已不连续，应划分为两个工序。

如图1-3所示，在工件上钻4个ϕ15mm的孔，用一个钻头顺次进行加工，可划分为一个工步。

小词典

工步：在加工表面、加工工具和切削用量（背吃刀量）都不变的情况下，所连续完成的那部分工序内容。

复合工步：如图1-4所示，用两把车刀、一个钻头同时加工一个工件，这种用几把刀具或复合刀具同时加工一个工件的几个表面的工步，称为复合工步。复合工步记为一个工步。

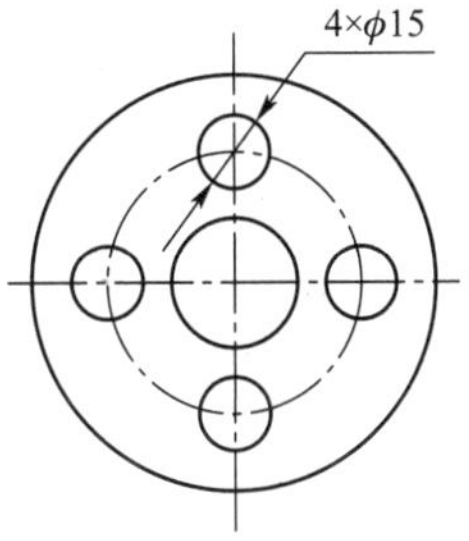

图1-3　钻4个相同孔的工步

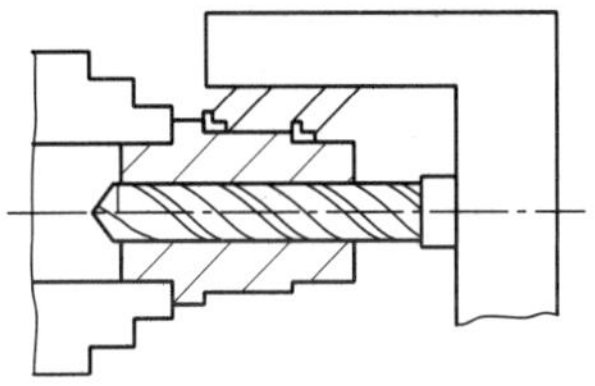
图1-4　复合工步

小词典

安装：工件经一次装夹后所完成的那一部分工序内容。在一道工序中，工件可能被装夹一次或多次，才能完成加工。

在表1-1的工序中，如果先车工件的一端，然后调头装夹，再车另一端，属于两次安装。

由于多次安装会带来安装误差和降低生产率，所以应尽量减少安装的次数。

表1-2所示的工序1采用图1-5所示的专用机床。工件装夹后，先在工位Ⅰ铣端面，然后移动到工位Ⅱ钻中心孔。

小词典

工位：工件相对于机床或刀具每占据一个加工位置所完成的那部分工艺过程。

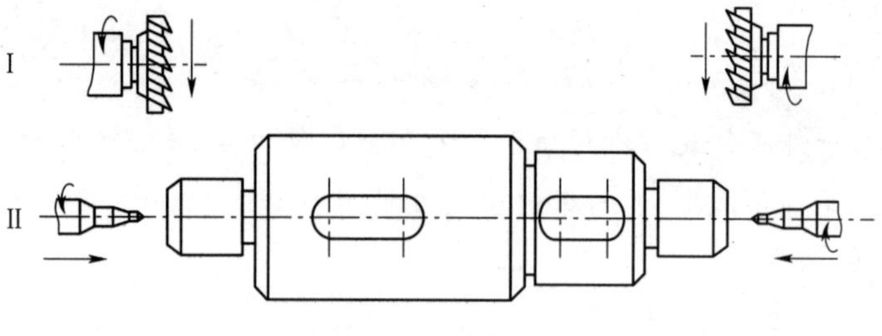

图 1-5　铣端面、钻中心孔

如图 1-6 所示，在一台钻床上加工 4 个 $\phi15$ H7 的孔，该孔要进行钻、扩、铰加工。由于加工机床为同一台钻床，没有变更，而且工作连续，所以钻、扩、铰 $\phi15$ H7 的孔是在一道工序中完成。由于加工中，采用了钻头、扩孔钻、铰刀等不同的刀具，而且在加工中切削速度和进给量都有改变，所以应分为一次安装，3 个工步，4 个工位。

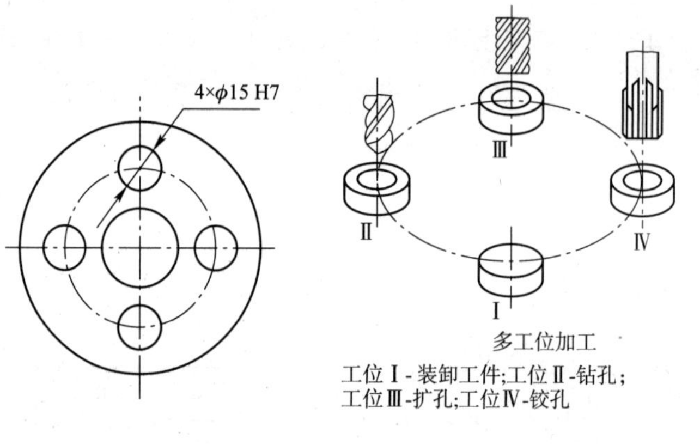

图 1-6　加工 4 个 $\phi15$ H7 的孔

小词典

走刀：在一个工步内，刀具在工件表面上所走过的每一次切削过程。

任务3 生产纲领和生产类型的认识

现代汽车制造企业按产品专业化、工艺专业化的原则组织生产,生产不同部件(总成)的各分厂之间或整车厂与配件厂之间相互协作。企业必须根据市场需求、产品特征(重型车、中型车、轻型车、微型车、轿车等)和自身能力,制订自己的生产纲领(计划)。

小词典

生产纲领:包括备品和废品在内的该零件的年产量。

生产类型:根据工厂生产的产品特征(如外形尺寸、质量等)和生产纲领中年产量的不同,其生产可分为大量生产、成批生产和单件生产三种生产类型。

生产纲领的大小对生产组织形式和零件加工过程起着重要的作用,它决定了各工序所需专业化和自动化和程度,决定了所应选用的工艺方法和工艺装备。

1. 单件生产

单件生产的基本特点是:生产的产品种类繁多,每种产品的产量很少,而且很少重复生产。例如重型机械产品制造和新产品试制等都属于单件生产。

2. 成批生产

成批生产的基本特点是:分批地生产相同的产品,生产呈周期性重复。如机床制造、电机制造等属于成批生产。成批生产又可按其批量大小分为小批生产、中批生产、大批生产三种类型。

3. 大量生产

大量生产的基本特点是:产量大、品种少,大多数工作是长期重复进行某个零件的某一道工序的加工。例如,汽车、拖拉机轴承等的制造都属于大量生产。

由于单件生产与小批生产的工艺特点相近,称为单件、小批生产。大批生产与大量生产工艺特征相近,称为大批大量生产。

生产类型的划分除了与生产纲领有关外,还应考虑产品的大小及复杂程度。汽车制造厂生产类型与产品特征及年产量之间的关系如表1-3所示。

生产类型不同,产品制造的工艺方法、所用的设备和工艺装备以及生产的组织形式等均不同。大批大量生产应尽可能采用高效率的设备和工艺方法,以提高生产率;单件小批生产应采用通用设备和工艺装备,也可采用先进的数控机床,以降低生产成本。汽车制造厂不同生产类型机械加工车间的工艺特征如表1-4所示。

汽车制造厂机械加工车间生产类型的划分　　表 1-3

生产类型 \ 汽车特征		轿车或 1.5t 以下载货汽车年产量(辆)	载货汽车或自卸汽车年产量(辆)	
			2～6t 汽车	8～15t 汽车
成批生产	小批生产	2 000 以下	1 000 以下	500 以下
	中批生产	2 000～10 000	1 000～10 000	500～5 000
	大批生产	10 000～50 000	10 000～30 000	5 000～10 000
大量生产		>50 000	>30 000	>10 000

汽车制造厂不同生产类型机械加工车间的工艺特征　　表 1-4

特征 \ 生产类型	大批、大量生产	中 批 生 产	单件、小批生产
产品	生产单一产品或系列化产品，数量很大。每台设备常年生产某一种零件的某一工序。产品改型后，原来的生产设备很难改装	生产单一产品或几种产品，数量较多。每台设备完成多种零件的相同工序。产品改型对生产有影响	生产多种产品，数量很少。产品改型对生产影响不大
生产组织	采用流水线或自动生产线，按部件(总成)组织生产	成批轮番生产，部分零件按流水线生产，部分按同类零件组织生产	零件生产无流水线，按零件类别划分车间或工段
生产设备	广泛采用高生产率的专用机床、组合机床、半自动或自动机床和自动生产线	采用万能机床，部分采用高效率的专用机床和组合机床、数控机床等	广泛采用万能机床，部分采用数控机床、自动换刀数控机床等
工艺装备	广泛采用专用复合刀具、成型刀具；专用高效率量具或自动化量具；高效率专用夹具	部分采用标准刀具、万能量具、夹具，部分采用高效率的专用刀具、量具、夹具和组合夹具	广泛采用标准刀具、万能量具、万能夹具、组合夹具
机床调整方法	工件在已调整好的机床上加工	工件大部分在已调整好的机床上加工，部分用试切法工作	基本上用试切法加工
对毛坯的要求	高精度、余量小的各种毛坯。大量采用精铸件、压铸件、金属模铸件、模锻件、冲压件、挤压件等	主要采用金属模铸件、模锻件或胎模锻件，部分采用精密铸、锻件等	采用木模铸件、手工造型，自由锻件等。毛坯精度低，余量大
工艺文件	有详细的工艺文件，重点工序有工序调整卡	有工艺过程卡，重点工序有工序调整卡	工艺文件简单，只有工艺过程卡

任务4 机械加工工艺文件的认识

在汽车制造企业生产车间，经常需要用到各种工艺文件，工艺规律就是工艺文件之一。

小词典

工艺文件是将工艺工作以一定格式文件的形式确定下来的全部资料的总称，按其作用可分为工艺规程和管理用工艺文件两类。

1. 工艺规程的内容

工艺规程指规定产品或零部件制造工艺过程和操作方法等的工艺文件。

工艺规程中包括各个工序的排列顺序，加工尺寸、公差及技术要求，工艺装备及工艺措施切削用量及工时定额、工人等级等。

2. 工艺文件的类型

(1)机械加工工艺过程卡片。表1-5为汽车后桥主动锥齿轮机加工的机械加工工艺过程卡片。这种卡片是以工序为单位简要说明零件机械加工过程的一种工艺文件，也叫工艺路线卡。

机械加工工艺过程卡片 表1-5

(单位)	机械加工工艺过程卡片	产品型号		零(部)件图号			
		产品名称		零(部)件名称		共(4)页	第(1)页

材料牌号	20CrMnTi	毛坯种类	模锻	毛坯外形尺寸		每种毛坯可制件数	1	每台件数	1	备注	

	序号	工序名称	工序内容	车间	工段	设备	工艺装备	工时 准终	工时 单件
	1	铣	铣端面、钻中心孔			铣端面钻中心孔机床	双工位夹具		65
	2	车	粗、精车背锥、外圆、端面			液压仿形车床	随机夹具		93
	3	车	粗、精车面锥			液压仿形车床	随机夹具		54
	4	铣	铣花键			半自动花键轴铣床	顶尖、卡头		75
描图	5	磨	粗磨轴颈			半自动端面外圆磨床	顶尖、卡头		58
	6	磨	精磨轴颈			半自动端面外圆磨床	顶尖、卡头		58
描校	7	滚挤	滚挤螺纹			滚丝机	专用夹具		5
	8	钻	钻孔			立式钻床	专用夹具		57
底图号	9	钻	倒角			立式钻床	专用夹具		5
	10J	检验	中间检验						
装订号									

标记	处数	更改文件号	签字	日期	标记	处数	更改文件号	签字	日期	设计(日期)	审核(日期)	标准化(日期)	会签(日期)	

其内容包括：产品名称和型号；零件的名称和图号；毛坯的种类和材料；工序的序号、名称和内容；完成各工序的车间、设备和工序装备及工时定额等，主要用于单件小批生产和中批生产的零件，大批大量生产可酌情自定。

工艺过程卡片是制订其他工艺文件的基础，也是生产技术准备、编制作业计划和组织生产的依据。在这种卡片中，各工序的说明不够具体，故一般不能直接指导工人操作，而多为生产管理方面使用。

(2)机械加工工艺卡片。用于成批生产中，它是以工序为单位详细说明整个工艺过程的工艺文件，用于指导生产零件的整个加工过程，见表1-6。在工艺卡片上除要填写上述内容外，还要详细说明每一工序所包括工位和工步的顺序、工艺尺寸和技术要求。对主要工序还要画出工序草图，在图上表示出被加工表面在该工序所达到的尺寸、公差和粗糙度及工件的安装方法等，在单件小批生产中，某些重要零件的加工有时也制定工艺卡片。

机械加工工艺卡片

表1-6

<table>
<tr><td rowspan="2">厂名</td><td rowspan="2" colspan="5"></td><td>产品型号</td><td colspan="2"></td><td colspan="2">零(部)件图号</td><td colspan="3"></td><td colspan="2">共　页</td></tr>
<tr><td>产品名称</td><td colspan="2"></td><td colspan="2">零(部)件名称</td><td colspan="3"></td><td colspan="2">第　页</td></tr>
<tr><td colspan="3">材料牌号</td><td></td><td>毛坯种类</td><td></td><td>毛坯外形尺寸</td><td></td><td>每台毛坯件数</td><td></td><td>每台件数</td><td colspan="2"></td><td>备注</td><td colspan="2"></td></tr>
<tr><td rowspan="2">工序</td><td rowspan="2">装夹</td><td rowspan="2">工步</td><td rowspan="2">工序内容</td><td rowspan="2">同时加工零件数</td><td colspan="4">切削用量</td><td rowspan="2">设备名称及编号</td><td colspan="3">工艺装备名称及编号</td><td rowspan="2">技术等级</td><td colspan="2">工时定额</td></tr>
<tr><td>背吃刀量（mm）</td><td>切削速度（min）</td><td>转速或往复次数（r/min）</td><td>进给量（min/r）</td><td>夹具</td><td>刀具</td><td>量具</td><td>准终</td><td>单件</td></tr>
<tr><td></td><td></td><td></td><td></td><td></td><td></td><td></td><td></td><td></td><td></td><td></td><td></td><td></td><td></td><td></td><td></td></tr>
<tr><td></td><td></td><td></td><td></td><td></td><td></td><td></td><td></td><td></td><td>编制(日期)</td><td>审核(日期)</td><td>会签(日期)</td><td></td><td colspan="3"></td></tr>
<tr><td></td><td></td><td></td><td></td><td></td><td></td><td></td><td></td><td></td><td rowspan="3"></td><td rowspan="3"></td><td rowspan="3"></td><td rowspan="3"></td><td rowspan="3" colspan="3"></td></tr>
<tr><td></td><td></td><td></td><td></td><td></td><td></td><td></td><td></td><td></td></tr>
<tr><td>标记</td><td>处记</td><td>更改文件号</td><td>签字</td><td>日期</td><td>标记</td><td>更改文件号</td><td>签字</td><td>日期</td></tr>
</table>

(3)机械加工工序卡片。表1-7所示为汽车后桥主动锥齿轮机械加工工序卡片。它是在工艺过程卡片的基础上，为每道工序所编制的一种工艺文件。它主要用于大批大量生产中所有的零件，中批生产中的复杂产品的关键零件以及单件小批生产中的关键工序。在工序卡片上画有工序图，图上要表示出完成本工序后的零件形状、尺寸、公差和技术条件，工件的安装方式，刀具的形状及位置等。在中小批量生产中，有时个别重要工序也编制工序卡片。

3. 制订工艺规程的步骤

(1)分析零件图和产品装配图。

(2)确定毛坯的制造方法和形状。

(3)拟定工艺路线。

汽车后桥主动锥齿轮机械加工工序卡片　　表1-7

(单位)	机械加工工序卡片	产品型号		零(部)件图号			
		产品名称	轻型载货汽车	零(部)件名称	后桥主动锥齿轮	共(42)页	第(6)页

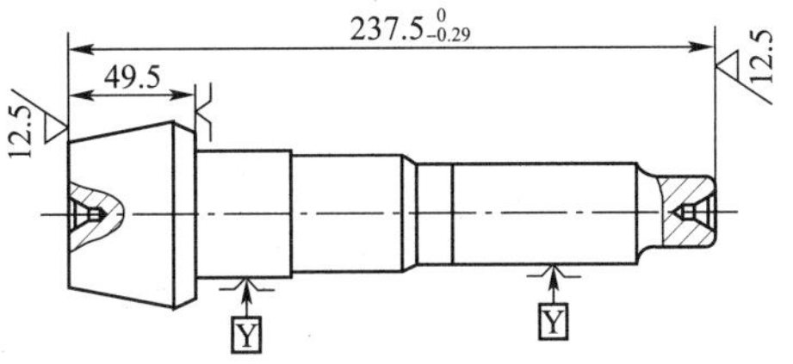

车间	工序号	工序名称	材料编号
	1	铣端面钻中心孔	20CrMnTi
毛坯种类	毛坯外形尺寸	每种毛坯可制件数	每台件数
		1	1
设备名称	设备型号	设备编号	同时加工件数
铣端面钻中心孔机床	280108		1
夹具编号	夹具名称		切削液
			乳化液
工位器具编号	工位器具名称	工序工时 准终	工序工时 单件
			6.5

	工步号	工步内容	工艺装备	主轴转速(r/min)	切削速度(m/min)	进给量(mm/r)	背吃刀量(mm)	进给次数	工序工时 机动	工序工时 辅助
描图										
描校	1	铣两端面,保证尺寸237.5~237.21及49.5表面粗糙度Ra12.5	卡规、卡尺	300	117	0.4				
底图号	2	在两端面钻带有护链的B4中心孔,保护锥直径ϕ12.5,表面粗糙度Ra6.3	中心孔量规	895	33	0.1				
装订号										

标记	处数	更改文件号	签字	日期	标记	处数	更改文件号	签字	日期	设计(日期)	审核(日期)	标准化(日期)	会签(日期)	

(4)确定各工序的加工余量,计算工序尺寸和公差。

(5)确定各工序的设备,刀、夹、量具和辅助工具。

(6)确定切削用量和工时定额。

(7)确定各主要工序的技术要求及检验方法。

(8)填写工艺文件。

思考与练习

1. 简述汽车的生产过程。

2. 什么是机械加工工艺规程?

3. 什么是工序、工步、安装及工位?怎样区分加工内容是否属于同一工序?

4. 常用的工艺文件有哪几种形式?各用于什么场合?

项目2　工件的装夹

项目目标

1. 叙述机床夹具的组成；
2. 了解基本夹紧机构；
3. 叙述工件定位的方法和基本原理；
4. 合理选择定位元件；
5. 正确选择定位基准。

在制订零件工艺规程时，正确安装工件有着十分重要的意义。定位基准选择的正确与否，不仅影响零件的尺寸精度和相互位置精度，而且对零件各表面间的加工顺序也有很大的影响。

任务1　机床夹具的认识

机床夹具是完成零件装夹的装置，简称夹具。它是机械制造中一项非常重要的工艺装备，也是工艺系统中的一个重要组成部分。它在切削加工、热处理、装配、焊接和检测等工艺过程中得到广泛应用，具有提高劳动生产率、保证工件的加工精度、稳定整批工件的加工质量、改善工人劳动条件、降低对操作工人的技术等级要求等作用。

1. 夹具的组成

如图2-1所示，为保证孔距L的要求，在夹具上设置有定位平面，来保证平面至钻套轴线的距离L；为保证位置度要求及工件安装的稳定性，夹具上设置了定位销6，利用工件已加工好的内孔与定位销6的配合来保证钻孔位置精度；为防止钻孔过程中工件发生移动，夹具设置开口垫圈4和螺母5夹紧机构；为保证钻头相对工件的正确钻孔位置，夹具上设置快速钻套1，用以正确引导钻头；所有结构均装在基础件夹具体7上，并依靠夹具体底平面及钻模板3的正确装配，来保证快速钻套1轴线的垂直精度。

虽然各类机床夹具的结构不同，但就其组成元件的功能来说，可分为以下几个组成部分。

(1)定位元件：它与零件的定位基准相接触，用以确定零件在夹具中的正确位置。

(2)夹紧装置：其作用是保证零件在夹具中已定好的位置，不受加工过程中外力的作用而破坏，使加工得以顺利进行。

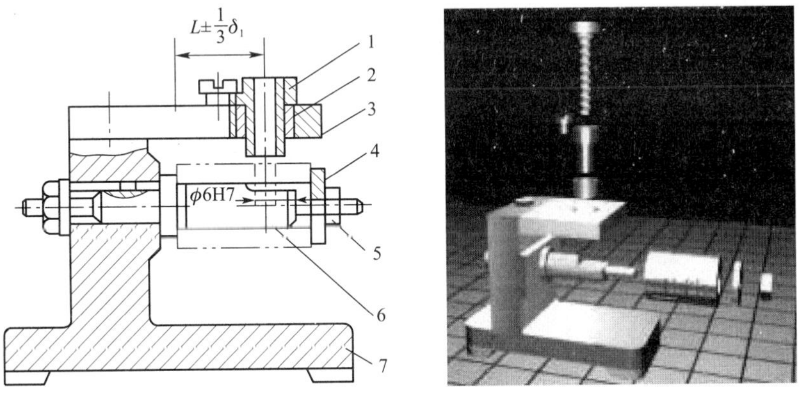

图2-1　钻床夹具

1-快速钻套；2-导向套；3-钻模板；4-开口垫圈；5-螺母；6-定位销；7-夹具体

(3)夹具体：是夹具的基础件，用于连接夹具上各个元件或装置，使之成为一个整体。它与机床相结合，使夹具相对机床具有一个确定的位置。

(4)对刀元件：用于确定夹具与刀具的相对位置。

(5)其他装置或元件：为满足设计给定条件及使用方便，有些夹具还要设置分度装置、靠模装置、上下料装置、顶出器等。

2. 夹具的分类

1)按夹具通用程度不同分类

(1)通用夹具:是指结构、尺寸已规格化并具有很大通用性的夹具,其在一定范围内无须调整或稍加调整就可以装夹不同的零件。例如,车床上的三爪自定心卡盘,四爪单动卡盘,铣床上的万能分度头、回转工作台及机床用平口台钳等。这类夹具是由专业厂家作为机床附件生产的,其特点是加工精度不高,操作费时,生产效率较低,主要用于单件小批生产中。

(2)专用夹具:是指为某一零件某道工序的加工而专门设计和制造的夹具。这类夹具的设计周期较长、投资较大,但结构紧凑、操作方便、安全可靠、生产效率高,并且能获得较高的加工精度,因此适用于大批量生产。

(3)可调夹具:可调夹具是综合了通用夹具和专用夹具的特点而发展起来的一种新型夹具,在加工不同类型和不同尺寸的零件时,只需调整或更换原夹具上个别元件便可实施加工。它一般可分为通用可调夹具和成组夹具两种,前者的通用性比通用夹具更大;后者是一种专用可调夹具,是为采用成组加工方法的某一组零件专门设计和制造的,主要用于多品种小批生产中。

(4)组合夹具:组合夹具是一种模块化的夹具,由预先制造好的通用标准部件经组装而成。当产品变更时,夹具在短时间内经拆卸、清洗后可重新组装成另一种形式的夹具。因其具有生产准备周期短、元件能重复使用并能减少专用夹具数量的特点,特别适合于新产品试制、中小批量多品种生产和数控加工。

(5)随行夹具:是一种在自动线或柔性制造系统中使用的夹具。零件安装在随行夹具上,并和随行夹具一起由运输装置送往各个机床,在机床夹具或机床工作台上完成定位和夹紧。

2)按使用的机床分类

夹具按使用的机床可分为车床夹具、钻床夹具、铣床夹具、镗床夹具、磨床夹具等。

3)按使用的动力源分类

夹具按使用的动力源可分为手动夹具、气动夹具、液压夹具、电动夹具、磁力夹具等。

任务 2　工件的定位

1. 工件的定位方法

小词典

定位：工件加工前，在机床上或夹具中占据某一正确位置的过程。

夹紧：为了使定位的工件在力的作用不发生位移，还需要将工件压紧夹牢的过程。

装夹是定位和夹紧的总和。

零件在机床上或夹具中常用的装夹方式有以下三种。

1）直接找正装夹法

直接找正装夹法是指零件定位时，由操作工人利用百分表、划针等量具（量仪）或目测在机床上直接找正零件上某些有相互位置要求的表面，使零件处于正确的位置，然后夹紧的一种装夹方法。在这种装夹方式中，找正面就是零件的定位基准。如图 2-2 所示的套筒零件，为了保证磨削后内孔与外圆表面同轴度的要求，加工前将零件装在四爪单动卡盘上，用精加工过的外圆以百分表直接找正后进行加工即可。

直接找正装夹法生产效率低，加工精度取决于工人操作技术水平和所使用量具的精确度，一般用于单件小批量生产中。

2）画线找正装夹法

画线找正装夹法是指在零件表面上按图样要求划出中心线、对称线和各待加工表面的加工位置线，然后在机床上按划好的线找正零件的位置并将零件夹紧的一种装夹方法。如图 2-3 所示为在牛头刨床上按画线找正装夹，先在零件底面垫上适当的纸片或铜片，通过调整垫片的厚度按画线找正位置后夹紧零件。此时，零件上用于找正的线即为定位基准。

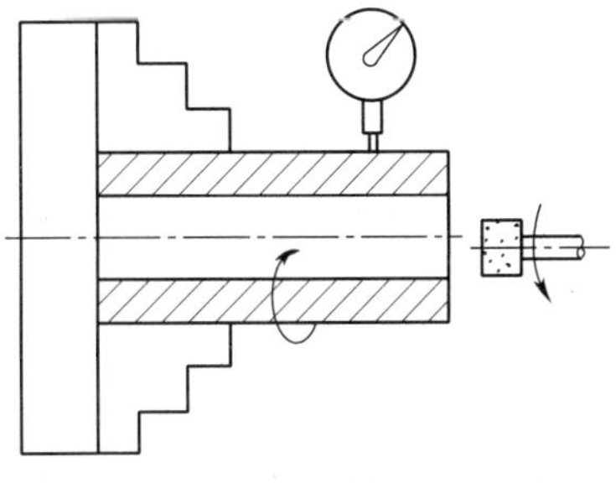

图 2-2　直接找正装夹法

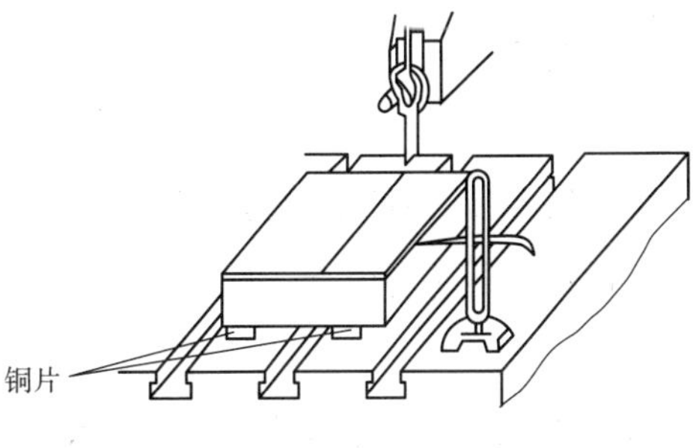

图 2-3　画线找正装夹法

画线找正装夹法生产效率低，装夹精度也不高，多用于生产批量较小、毛坯精度较低以及大型零件的粗加工中。

3)夹具装夹法

夹具装夹法是指用夹具上的定位元件使零件获得正确位置的一种装夹方法。采用这种方法时,零件定位迅速方便,定位精度高,但需设计、制造专用夹具。夹具装夹法广泛用于大批量生产中。

2. 基准及分类

根据作用和应用场合不同,基准可分为设计基准和工艺基准两大类。

小词典

基准:用来确定加工对象上几何要素间的几何关系所依据的那些点、线、面。

设计基准:零件图上用以确定零件上某些点、线、面位置所依据的点、线、面。

工艺基准:零件加工与装配过程中所采用的基准。

1)设计基准

如图 2-4a)所示零件,ϕ30mm 圆柱面的设计基准是 ϕ30mm 的轴线,就同轴度而言,ϕ50mm 的轴线是 ϕ30mm 轴线的设计基准。如图 2-4b)所示零件,圆柱面下素线 D 是槽底面 C 的设计基准。

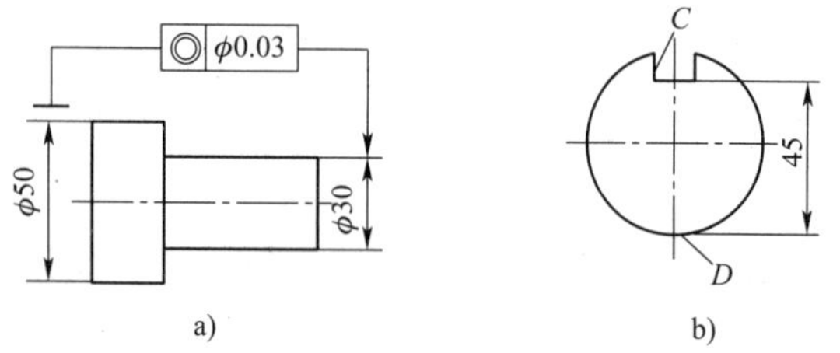

图 2-4 设计基准实例

2)工艺基准

它分为工序基准、测量基准和装配基准、定位基准。

(1)工序基准:工序图上用来标注本工序加工尺寸和形位公差的基准。工序基准大多与设计基准重合,有时为了加工方便,也有与设计基准不重合而与定位基准重合的。

(2)定位基准:加工中使工件在机床上或夹具中占据正确位置所依据的基准。作为定位基准的点、线、面,可能是工件上的某些定位表面,这些表面称为定位基面。例如用三爪自定心卡盘夹持工件外圆,体现以轴线为定位基准,外圆面为定位基面。

(3)测量基准:工件在加工中或加工后测量时所用的基准。

(4)装配基准:装配时用以确定零件在部件或产品中的相对位置所采用的基准。

3. 工件定位的基本原理

1)零件的六点定位原理

零件的定位有两层含义,一种是夹具在机床上的定位,即将夹具安装在机床上,经过调整后使夹具、刀具及机床之间获得正确的相对位置;另一种是零件在夹具中的定位,即使零件在夹具中占有一个正确的位置。

任何一个自由刚体(零件)在空间直角坐标系中都有六个自由度。如图 2-5 所示,零件可以沿三个互相垂直的坐标轴移动,分别用 $\vec{X}$、$\vec{Y}$、$\vec{Z}$ 表示。还可以绕三个坐标轴转动,分别用 $\widehat{X}$、$\widehat{Y}$、$\widehat{Z}$ 表示。这样,零件在这六个自由度方向上的位置就没有被确定。

零件要完全定位,就必须限制这六个自由度,实现的方法是用适当布置的六个支承点来限制零件的六个自由度。如图 2-6 所示,在空间坐标系的 XOY 平面上布置三个支承点 1、2、3,使零件的底面紧贴在这三点上,限制了 $\vec{Z}$、$\hat{X}$、$\hat{Y}$ 三个自由度;在 YOZ 平面上布置两个支承点 4、5,使零件的侧面紧贴在这两点上,限制了 $\vec{X}$、$\hat{Z}$ 两个自由度;在 XOZ 平面上布置一个支承点 6,使零件的端面紧贴在这一点上,限制了 $\vec{Y}$ 个自由度。这种用合理分布的六个支承点限制零件六个自由度从而使工件在夹具中得到正确加工位置的方法,称为六点定位原理。

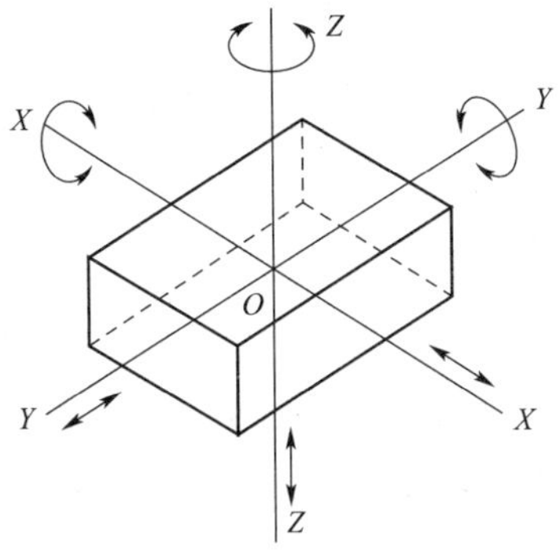

图 2-5　刚体的六个自由度

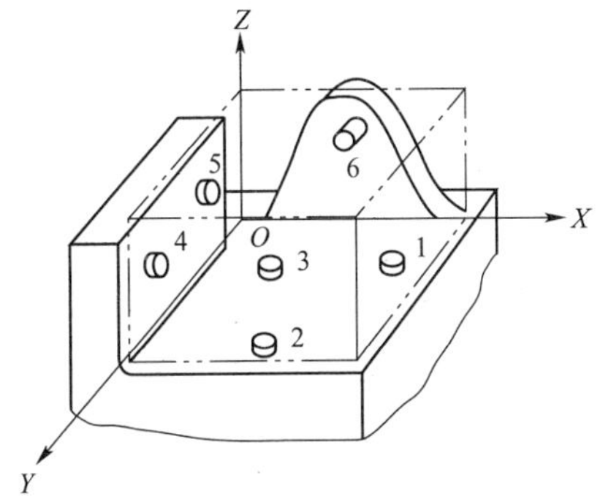

图 2-6　零件的六点定位

需要注意的是,底面上布置的三个支承点必须呈三角形分布,其形成的面积越大越好。侧面上布置的两个支承点的连线不能垂直于 XOZ 平面,且两点的连线越长越好。

2)工件定位中的几种情况

零件在实际加工时并不一定要求限制全部自由度,其需限制自由度的数目由零件的形状和在该工序中的加工要求决定。按照限制零件自由度数目的不同,定位方式可分为以下几种。

(1)完全定位。完全定位是指零件的六个自由度全部被限制的一种定位状态。如图 2-6 所示即为完全定位。当零件在三个坐标方向上均有尺寸或位置精度要求时,一般采用这种定位方式。

如图 2-7 所示,在六面体工件上铣一条不通槽。

定位分析:

①槽的宽度尺寸由刀具保证。

②要保证槽的中心平面与六面体侧面的距离尺寸为 L、槽侧面与六面体侧面平行,需要限制 $\vec{X}$、$\hat{Y}$、$\hat{Z}$。

③要保证槽的底面与六面体底面的距离尺寸 H 和它们之间的相互平行,需要制 $\vec{Z}$、$\hat{X}$、$\hat{Y}$。

④要保证槽长度尺寸 F,需要限制 $\vec{Y}$。

这样,六面体在加工槽时,六个自由度都被限制了,实现完全定位。

(2)不完全定位。不完全定位是指零件被限制的自由度数目少于六个,但能保证加工要求的一种定位状态。

如图 2-8 所示在六面体工件上铣一条通槽,由于槽是铣通的,所以 $\vec{Y}$ 不用限制,要保证槽的加工要求,只需要限制 $\vec{X}$、$\vec{Z}$、$\hat{X}$、$\hat{Y}$、$\hat{Z}$ 五个自由度,就能保证加工要求。

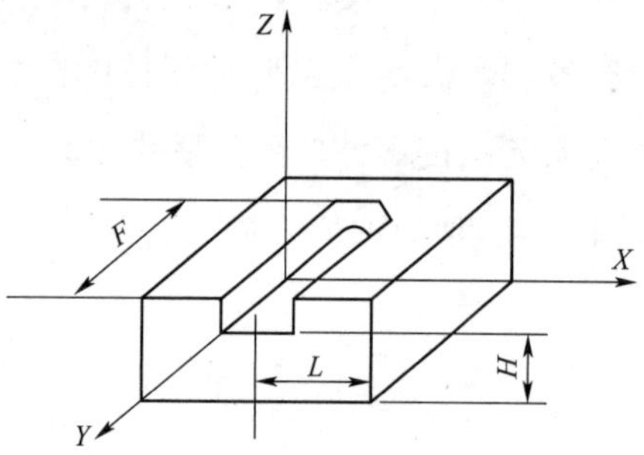

图 2-7　在六面体工件上铣一条不通槽

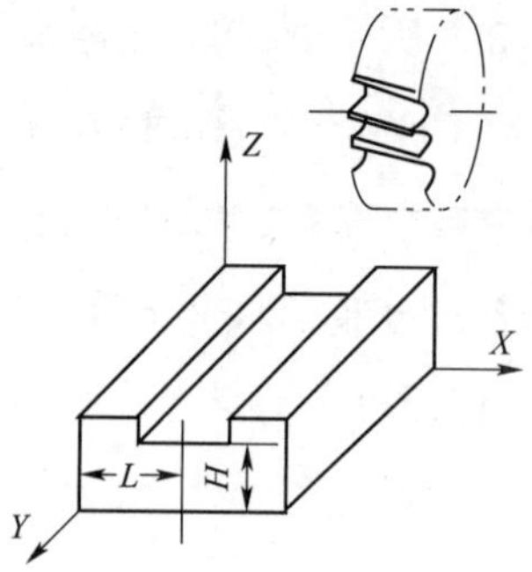

图 2-8　在六面体工件上铣一条通槽

小提示

采用不完全定位的几种特殊情况：

(1)由于工件的形状特点，没有必要也无法限制工件某些方向的自由度。

(2)当选择定位元件时会出现自然限制不需要限制自由度的情况，否则反而难以选择结构合适的定位元件。

(3)虽然在保证加工要求的前提下，限制自由度的数目应尽量少，但在实际加工中为保证装夹后工件获得稳定的位置，对任何工件的定位所限制的自由度数都不得少于三个。

(3)欠定位。欠定位是指零件实际定位所限制的自由度数目少于按其加工要求所必须限制的自由度数目时的一种定位状态。由于应限制的自由度未被限制，必然无法保证工序所规定的加工要求。

如图 2-9 所示，一批圆柱体工件采用一夹一顶的装夹方式（后顶尖是活动的）进行键槽加工，由于图示定位方式中沿 X 轴方向没有设置定位元件（后顶尖是活动的，位置不确定），这将使圆柱体工件装夹后沿 X 轴方向位置不确定，使一批圆柱体工件装夹后的位置不一致，L 尺寸不能保证。这种定位方式属于欠定位。欠定位不能保证加工要求，因而是不允许的。

(4)过定位。过定位是指多个支承点重复限制同一个自由度的一种定位状态，又称为重复定位。

如图 2-10 所示，图中六面体工件面积较大，为了装夹稳定，工件底面用四个支承钉定位。当底面用四个支承钉定位，相当于四个定位支承点，但只能限制六面体工件 $\vec{Z}$、$\widehat{X}$、$\widehat{Y}$ 三个自由度，所以是重复定位。

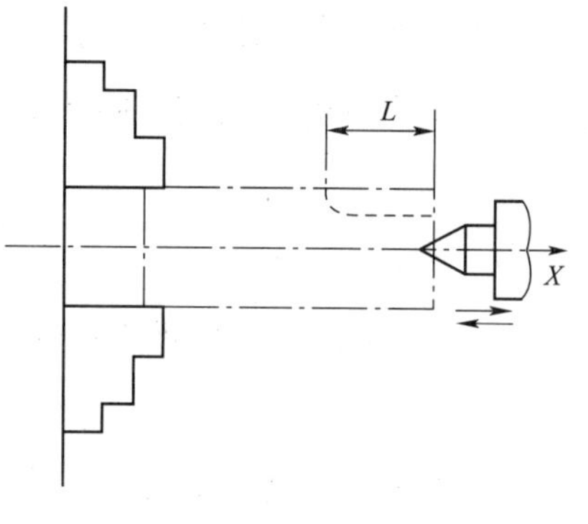

图 2-9　欠定位实例

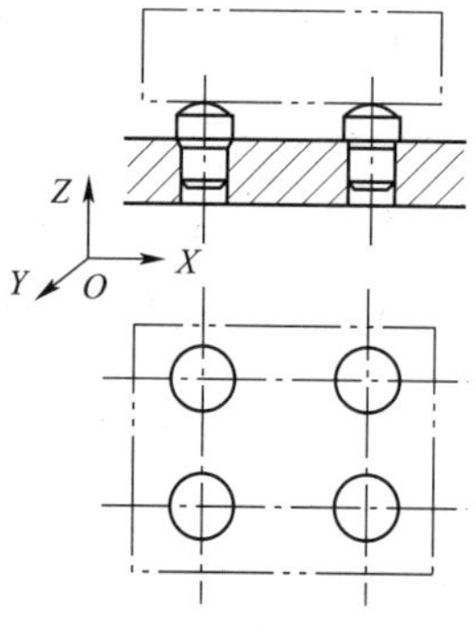

图 2-10　过定位实例及消除措施

对于过定位是否允许,应根据具体情况分析。当工件的定位面为粗基准,过定位是不允许的;当工件的定位面为精基准,且四个支承钉又准确地位于同一个平面内时(装配后一次磨出),过定位是允许的。

消除或减小重复定位及其干涉的措施:

①去除重复限制同一自由度的定位支承点。

②改变定位元件结构,消除重复限制同一自由度的定位支承点。

③提高工件定位基准之间以及夹具定位元件工作表面之间的位置精度,尽量减少重复定位对加工精度的影响。

4. 定位元件的合理选择

1)零件以平面定位的定位元件

零件以平面作为定位基准,是生产中常见的定位方式之一,如箱体、机座、床身、圆盘、支架等零件。其所用定位元件按是否起限制自由度的作用、能否调整等情况分为以下几种。

(1)主要支承。主要支承是指能限制零件自由度和起定位作用的支承。它可分为以下几类。

①固定支承。在夹具体上其位置固定不变时的定位元件,称为固定支承。常用的固定支承有支承钉和支承板两种类型。

②可调支承。可调支承是指支承点的位置可以根据需要进行调节的支承,如图2-11所示为几种常用的可调支承。它主要用于形状尺寸变化较大且又以粗基准定位的分批铸造毛坯,因此时若采用固定支承,由于各批毛坯尺寸不稳定,将引起后续工序的加工余量发生较大变化,影响加工质量。可调支承在调整时,应先松后调,调好后用防松螺母锁紧。

图2-12为可调支承定位的应用示例。零件为砂型铸件,先以 *B* 面定位铣 *A* 面,再以 *A* 面定位镗双孔。若采用固定支承定位铣 *A* 面,由于不同批次的毛坯定位基准面 *B* 相对于两孔的尺寸和形状误差变化较大,将会引起铣完后的 *A* 面与两毛坯孔(图中虚线所示)的距离尺寸 H_1、H_2 变化也较大,致使镗孔时余量偏向一边,甚至出现余量不够的现象。因此,图中采用了可调支承,根据每批毛坯的实际误差大小调整支承钉的高度,以保证镗孔工序的质量。应注意,可调支承在一批零件加工前调整一次,在同一批零件的加工中应保持不变,其作用相当于固定支承。

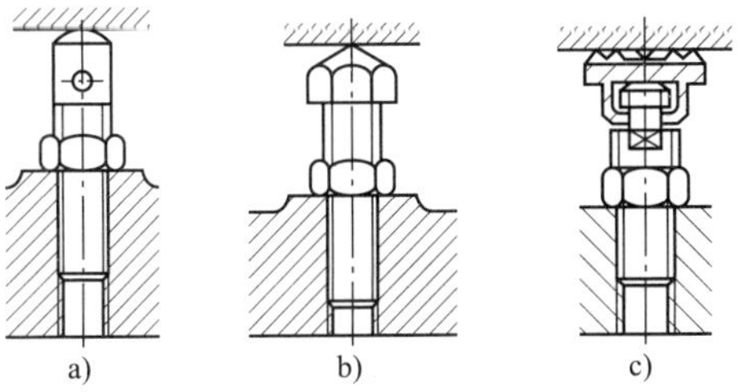

图2-11　可调支承图

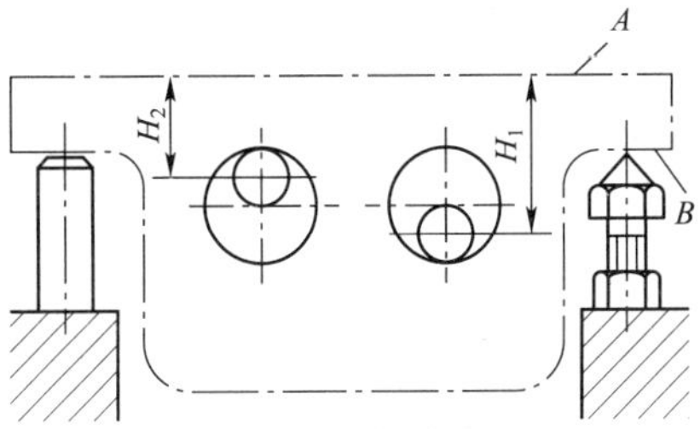

图2-12　可调支承的应用

③自位支承。自位支承是指在零件定位过程中,能自动调整位置的支承,也称为浮动支承,它通常用于毛坯平面、断续平面以及阶梯平面的定位。这类支承一般具有两个以上的支承点,各点之间互有联系,零件定位基面压下其中一点,就迫使其余的点上升,直到各点全部与零件接触为止。接触点的增加,提高

了零件的装夹刚度和稳定性,但其作用仍相当于一个固定支承,只限制零件一个自由度。如图 2-13 所示为两点式自位支承,其中图 2-13a)为杠杆式,图 2-13b)与图 2-13a)相同,适用于基准为阶梯面的定位。

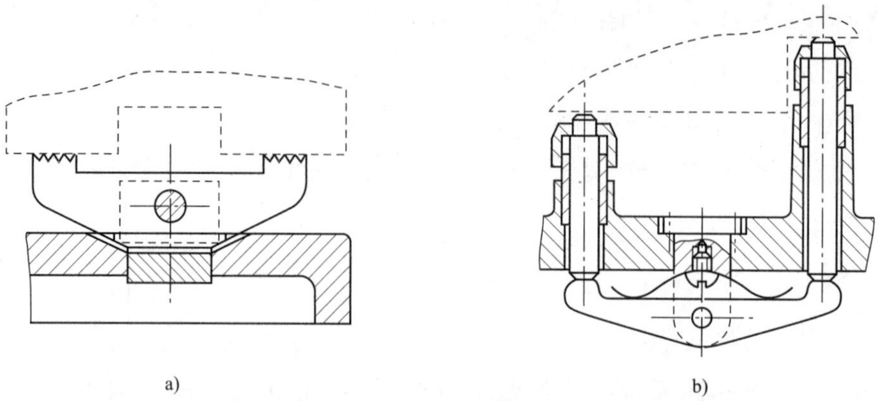

a)　　b)

图 2-13　自位支承

(2)辅助支承。辅助支承是指在夹具中对零件不起限制自由度作用的支承。它主要用来提高零件的装夹刚度和稳定性,防止零件因受力产生变形。如图 2-14d)所示,零件以内孔及端面定位钻小头孔。若右端不设支承,零件装夹后,右端为一悬臂,刚度差。若在 *A* 点处设置固定支承则属过定位,有可能破坏左端的定位。在这种情况下,应在右端设置辅助支承。零件定位时,辅助支承是可调的,待零件夹紧后再把辅助支承固定下来,以承受切削力。应注意,辅助支承必须逐个零件进行调整,以适应零件支承表面(*B* 面)的位置误差。常用的辅助支承有以下几种。

①螺旋式辅助支承,如图 2-14a)所示,这种支承结构简单,但效率较低。

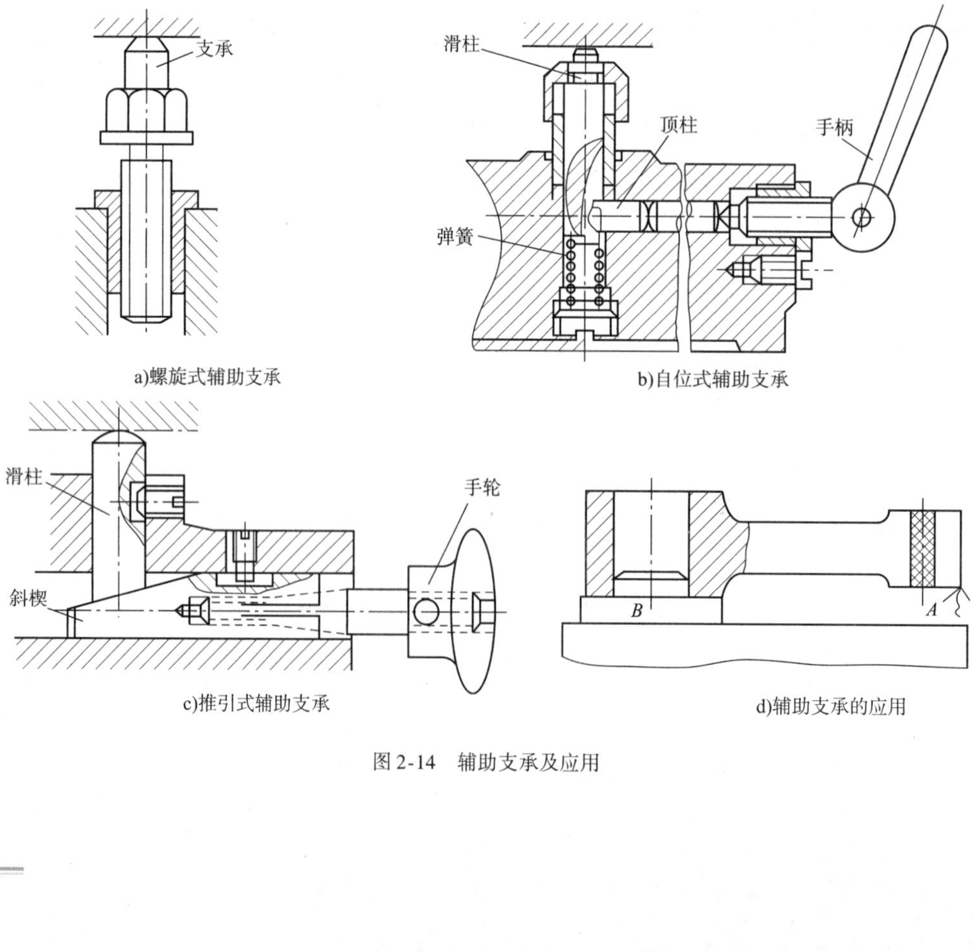

a)螺旋式辅助支承　　b)自位式辅助支承

c)推引式辅助支承　　d)辅助支承的应用

图 2-14　辅助支承及应用

②自位式辅助支承，如图 2-14b）所示，弹簧推动滑柱与零件接触，用顶柱锁紧。弹簧力的大小应能使滑柱弹出，但不能顶起零件。为了防止锁紧时使滑柱顶起零件而破坏原定位，斜楔的斜面角不应太大，以保证有一定的自锁性，一般为 7°～10°。

③推引式辅助支承，如图 2-14c）所示，零件定位后，推动手轮使滑柱与零件接触，然后转动手轮使斜楔的开槽部分涨开锁紧。这类辅助支承适用于零件较重、垂直作用的切削负荷较大的场合。

2）零件以圆孔定位的定位元件

零件以圆孔表面作为定位基面时，常采用以下定位元件。

（1）圆柱定位销。图 2-15 所示为常用的定位销结构。它们的共同特点是直接用过盈配合（H7/r6）装在夹具体上，为便于零件顺利装入，在其头部应有 15°倒角，和夹具体配合的圆柱面与凸肩之间应有退刀槽，以保证装配质量。当定位销直径 D 为 3～10mm 时，为避免销子因撞击而折断或热处理时淬裂，通常把根部倒出圆角 R，应用时在夹具体上锪出沉孔，使定位销圆角部分沉入孔内而不影响定位，如图 2-15a）所示。大批量生产时，为了便于定位销的更换，可采用如图 2-15d）所示的带有衬套的结构形式。

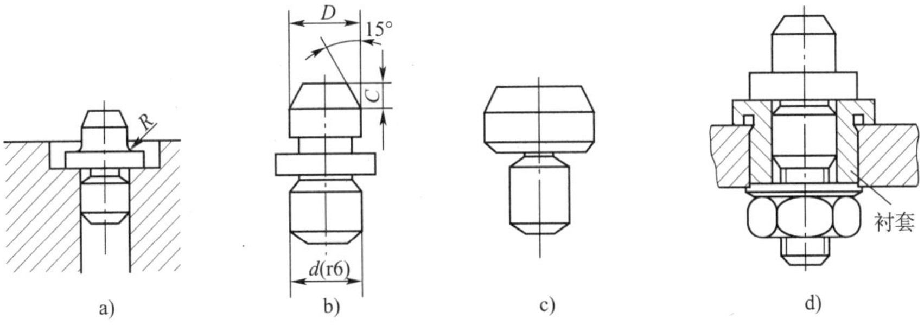

图 2-15　圆柱定位销

（2）圆柱定位心轴。圆柱定位心轴主要用在车床、铣床、磨床上加工套类和盘类零件。图 2-16 所示为常用的几种心轴结构形式。

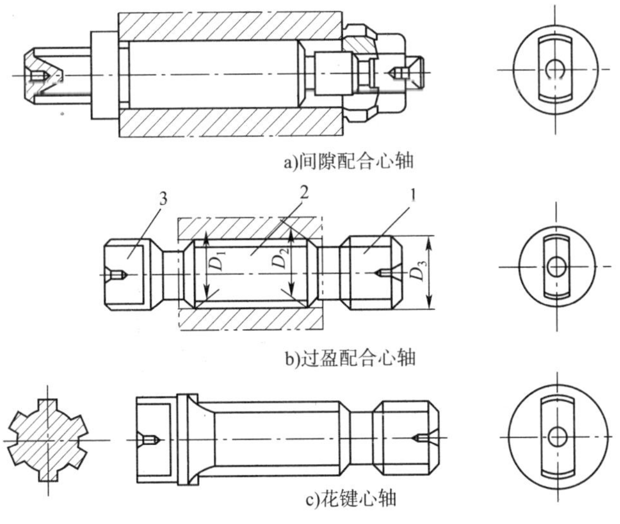

图 2-16　圆柱心轴

1-引导部分；2-工作部分；3-传动部分

图 2-16a）为间隙配合心轴，其工作部分直径一般按 h6、g6 或 f7 制造，装卸零件方便，但定位精度不高，为了减少因配合间隙造成零件的倾斜，零件常以孔和端面联合定位，因而要求零件的定位孔与定位端面之间、心轴的定位圆柱面与端面之间都有较高的垂直度，应在一次装夹中加工出来。

图 2-16b）为过盈配合心轴，适用于加工零件外圆及端面。它由引导部分 1、工作部分 2 和传动部分 3 组成。引导部分的作用使零件迅速而正确地套入心轴。当零件定位孔的长度与直径之比 $L/D>1$ 时，工作部分应带有一定的锥度，使零件容易装入。传动部分由同轴度极高的两中心孔与拨盘配套和传递转矩的削扁方组成。心轴上的凹槽是供车零件端面时退刀用的。这种心轴结构简单，制造方便且定心精度高，无须夹紧装置，但装卸零件不方便，需在压床上进行且易损伤零件定位孔，因此多用于定心精度要求高的精加工场合。

图 2-16c）是花键心轴，用于加工以花键孔定位的零件。当零件定位孔的长度与直径之比 $L/D>1$ 时，工作部分可稍带锥度。设计花键心轴时，应根据零件的不同定心方式来确定定位心轴的结构。

心轴在机床上的常用装夹方式如图 2-17 所示。

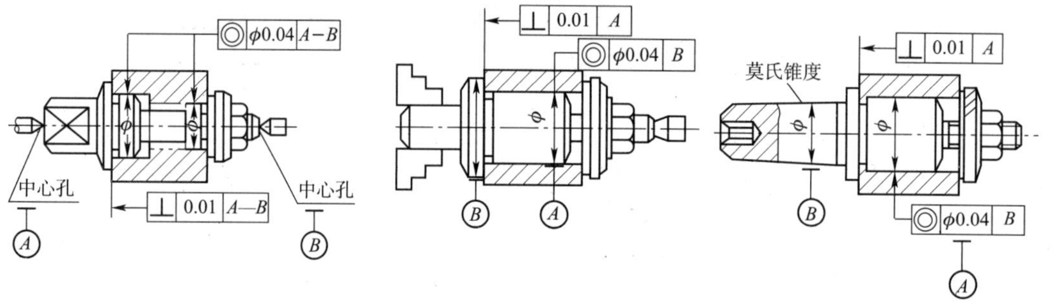

图 2-17　心轴在机床上的装夹方式

（3）圆锥销。图 2-18 所示为零件以圆孔在圆锥销上定位的示意图。它限制了零件的 $\vec{X}$、$\vec{Y}$、$\vec{Z}$ 三个自由度。其中，图 2-18a）所示用于粗基准定位，以保证其接触均匀；图 2-18b）所示用于精基准定位。

（4）小锥度心轴。如图 2-19 所示，零件是以圆柱孔在小锥度心轴上定位，并靠零件定位基准孔与心轴工作圆锥表面的弹性变形夹紧零件。这种心轴的定心精度较高，可达 $\phi0.01\sim\phi0.02$mm，但零件的轴向位移误差较大，装卸零件不便且易倾斜，传递转矩小，适用于零件定位孔精度不低于 IT7 的精车和磨削，但不宜加工端面。

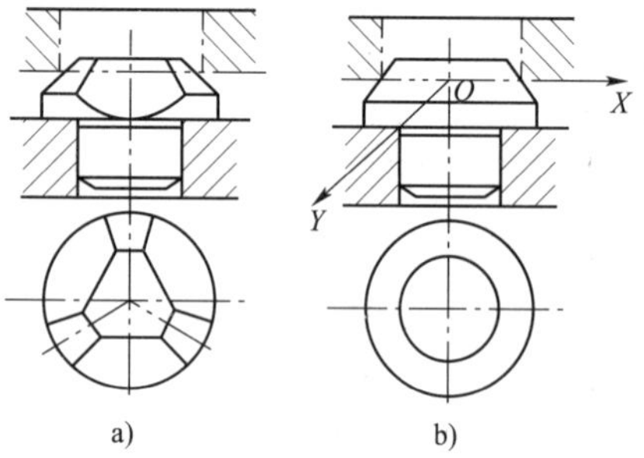

图 2-18　圆锥销定位

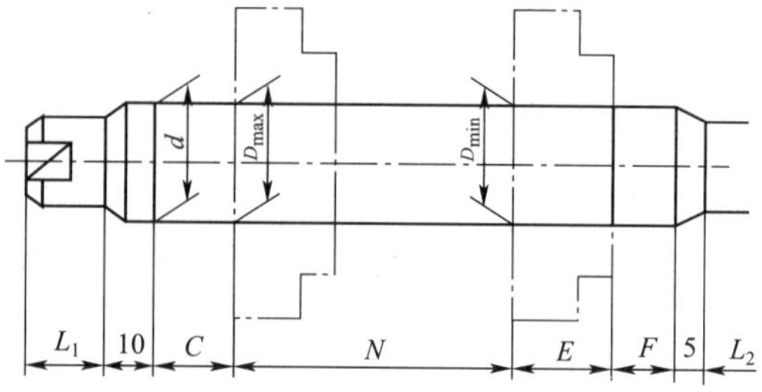

图 2-19　小锥度心轴

3）零件以外圆柱面定位的定位元件

零件以外圆柱面作为定位基面时，常采用以下定位元件。

（1）V 形块。V 形块定位的最大优点是对中性好，即零件圆的轴线与 V 形块两斜面对称轴线保证重合，不受定位外圆直径误差的影响。另一个特点是无论定位基准是否经过加工，是完整的圆柱面还是局部的圆弧面，都可以采用 V 形块定位。所以，对加工表面与外圆轴线有对称度要求的零件，常采用 V 形块定位。

如图 2-20 所示为常用 V 形块的结构形式。图 2-20a）是用于精基准的短 V 形块；图 2-20b）是用于粗基准和阶梯定位面的长 V 形块；图 2-20c）是用于较长的基准面和相距较远的两个定位面的 V 形块；V 形块不一定采用整体结构，也可在铸铁底座上镶淬硬支承板或硬质合金板，如图 2-20d）所示。

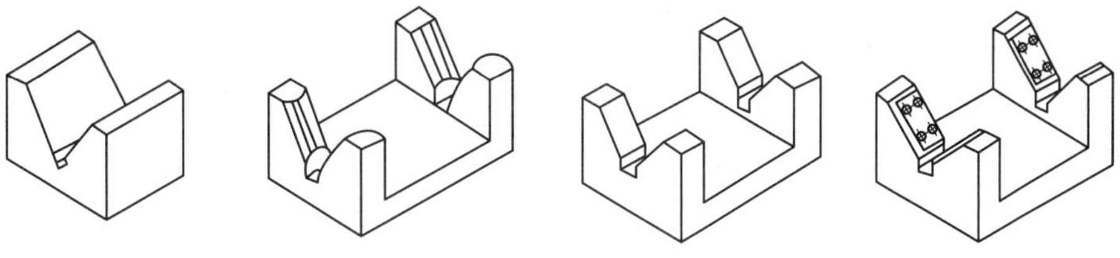

a)　　b)　　c)　　d)

图 2-20　V 形块的结构形式

V 形块有活动式和固定式之分，固定式 V 形块一般通过 2 个定位销和 2 ~ 4 个螺钉连接在夹具体上，定位销孔在装配时调整好位置后与夹具体一起钻、铰，然后打入定位销；活动式 V 形块，它除限制零件一个转动自由度外，还起到夹紧的作用。

（2）定位套。零件以外圆柱面定位时，也可采用如图 2-21 所示的定位套。其中图 2-21a）所示为长定位套，限制零件四个自由度；图 2-21b）所示为短定位套，限制零件两个自由度。为了限制零件的轴向自由度，定位套常与端面联合定位。当用端面作为主要定位基面时，应控制定位套的长度，以免过定位而在夹紧时使零件产生不允许的变形。定位套结构简单，制造容易，但定位精度不高，一般适用于精基准定位。

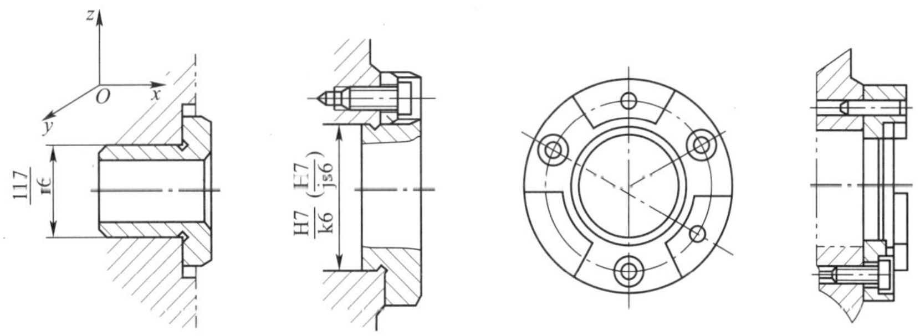

a)　　b)　　c)　　d)

图 2-21　常用定位套

（3）半圆套。如图 2-22 所示为两种结构的半圆套定位装置，主要用于大型轴类零件以及不便于轴向装夹的零件，其下半圆套是定位元件，上半圆套起夹紧作用。零件定位基面的精度应为 IT9 ~ IT8，半圆套的最小内径应取零件定位基面的最大值。

（4）圆锥套。图 2-23 所示为通用反顶尖，由顶尖体 1、螺钉 2 和圆锥套 3 组成。零件以圆柱面的端部在圆锥套的锥孔中定位，锥孔中有齿纹，以便带动零件旋转。顶尖体的锥柄部分插入机床主轴孔中，螺钉用来传递力矩。

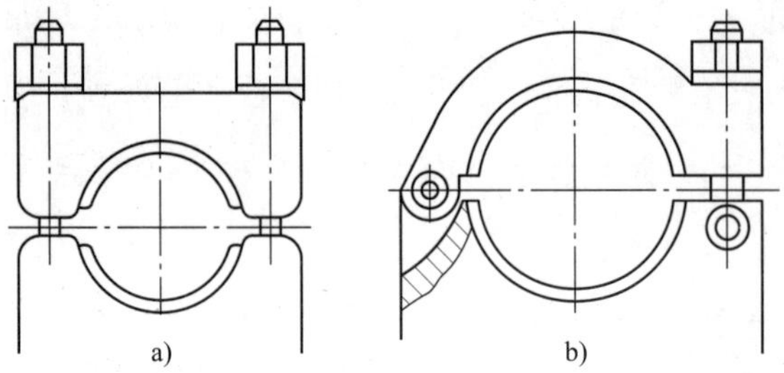

a)　　　　　　b)

图 2-22　半圆套定位装置

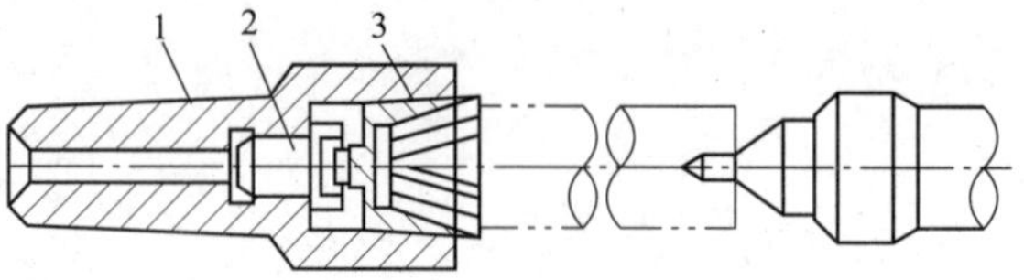

图 2-23　通用反顶尖

1-顶尖体;2-螺钉;3-圆锥套

4)零件以一面两孔的组合定位

在实际生产中,常用几个定位元件组合起来同时定位零件的几个定位面,以达到定位要求,这就是组合定位。在成批及大量加工箱体、杠杆、盖板和支架等零件时,常采用“一面两孔”的定位方式,即用一个平面和两个圆柱孔定位。两个圆柱孔可以是零件结构上原有的,也可以是为满足定位需要而专门加工的工艺孔。采用一面两孔定位,易于实现工艺过程中的基准统一,便于保证零件的相互位置精度,也大大减少了夹具结构的多样性,有利于夹具的设计和制造。但在采用一组基准定位时,最容易出现过定位的问题,如何正确处理,就成为采用一组基准定位时需要特别注意的问题。下面以箱体类零件的加工为例来说明。

如图 2-24a)所示为一箱体用一面两孔定位的示意图。支承板 3 限制 $\vec{Z}$、$\widehat{X}$、$\widehat{Y}$ 三个自由度;定位销 1 限制 $\vec{X}$、$\vec{Y}$ 两个自由度;右边定位销限制 $\vec{Y}$、$\widehat{Z}$ 两个自由度,$\vec{Y}$ 被重复限制产生了过定位。由于一批零件上两定位孔及夹具上两销之间的中心距都有误差,当误差较大时,就有可能使零件无法正确装到夹具上定位。因此,在实际生产中,一般不采用两个圆柱销,而是采用如图 2-24b)所示的一个圆柱销和一个菱形销。因菱形销(也称为削边销)只限制 $\widehat{Z}$ 一个自由度广这样共限制了六个自由度,属完全定位。

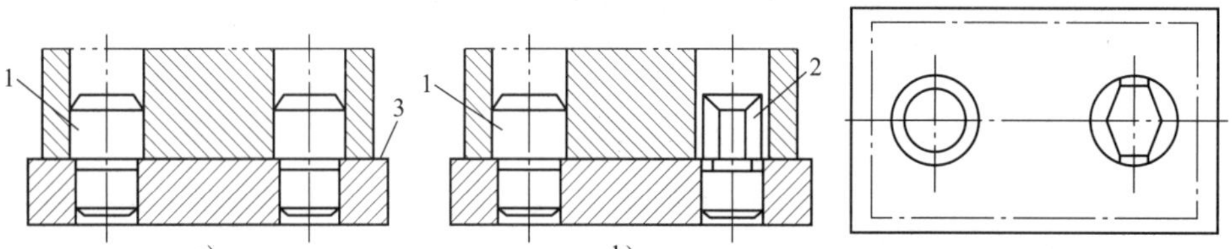

a)　　　　b)　　　　c)

图 2-24　零件以一面两孔定位

1-圆柱销;2-菱形销;3-支承板

如表 2-1 所示为零件分别以平面、圆孔、外圆柱面作为定位基面时常采用的定位元件。

典型定位元件的定位分析　　　　表 2-1

零件定位基面	定位元件	定位方式简图	定位元件特点	限制的自由度
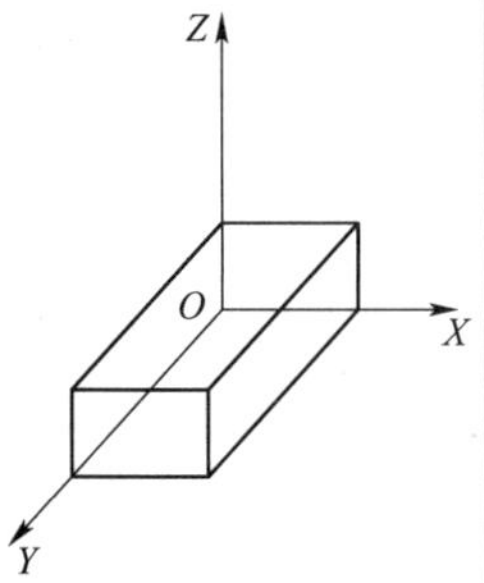	支承钉	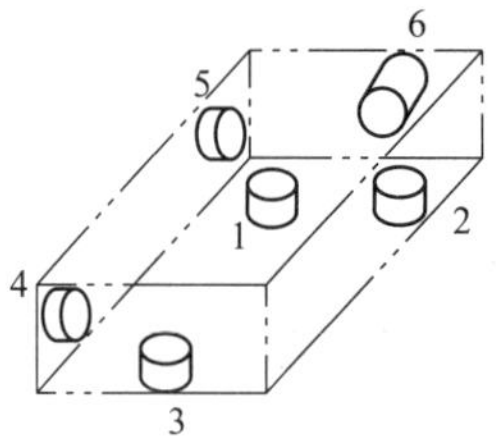		1、2、3、——$\vec{Z}$、$\widehat{X}$、$\widehat{Y}$ 4、5——$\vec{X}$、$\widehat{Z}$ 6——$\vec{Y}$

续上表

零件定位基面	定位元件	定位方式简图	定位元件特点	限制的自由度
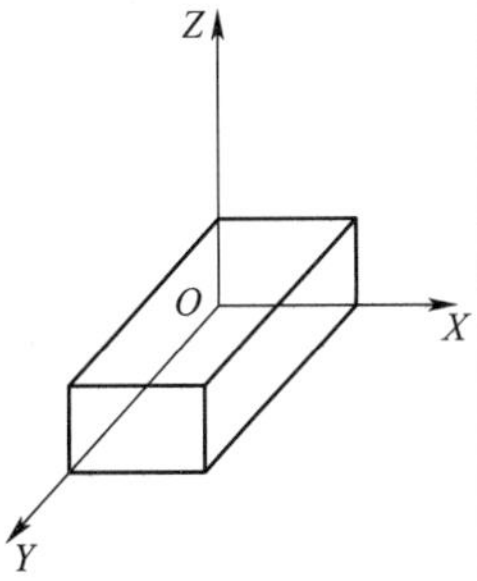	支承板	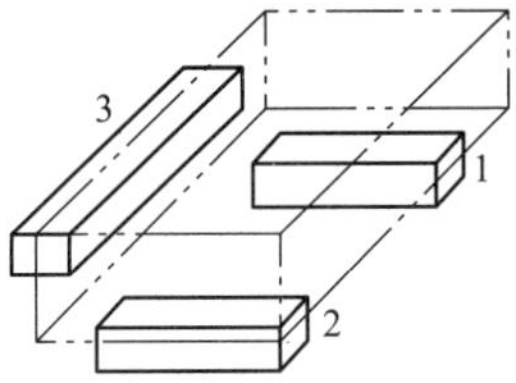	每个支承板也可设计为两个或两个以上的小支承板	1、2——$\vec{Z}$、$\widehat{X}$、$\widehat{Y}$ 3——$\vec{X}$、$\widehat{Z}$
	固定支承与辅助支承	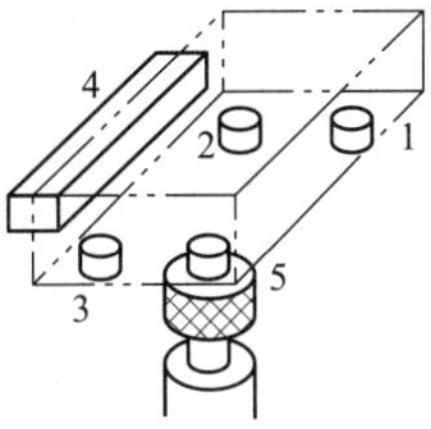	1、2、3、4——固定支承 5——辅助支承	1、2、3——$\vec{Z}$、$\widehat{X}$、$\widehat{Y}$ 4——$\vec{X}$、$\widehat{Z}$ 5——增加刚性，不限制自由度
圆孔 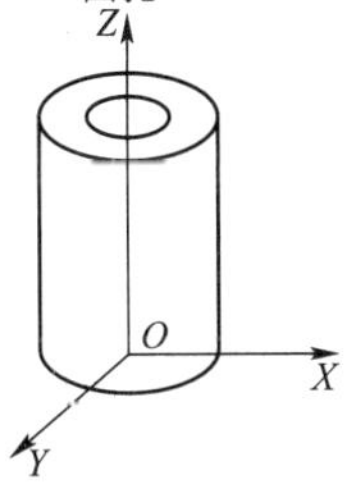	定位销	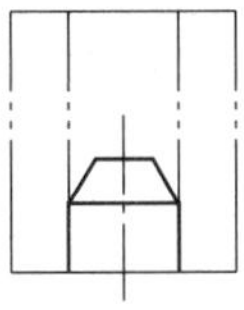	短销（短心轴）	$\vec{X}$、$\vec{Y}$
		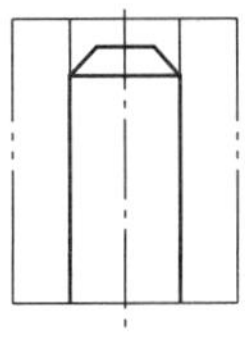	长销（长心轴）	$\vec{X}$、$\vec{Y}$、$\widehat{X}$、$\widehat{Y}$
	锥销	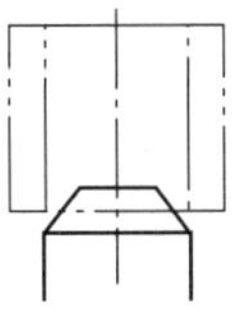	单锥销	$\vec{X}$、$\vec{Y}$、$\vec{Z}$
		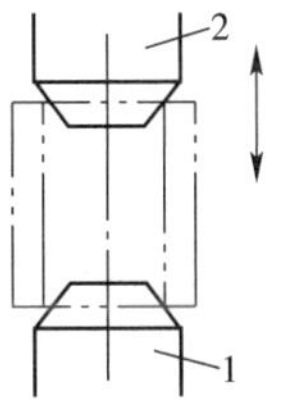	1——固定销 2——活动销	$\vec{X}$、$\vec{Y}$、$\vec{Z}$、$\widehat{X}$、$\widehat{Y}$

续上表

零件定位基面	定位元件	定位方式简图	定位元件特点	限制的自由度
外圆柱面 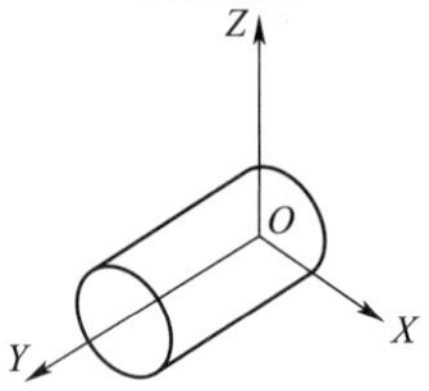	定位套	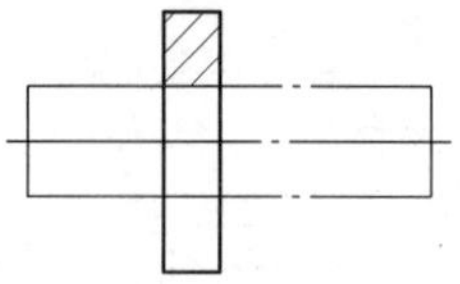	短套	$\vec{X}$、$\vec{Z}$
		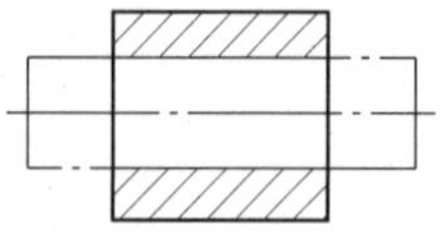	长套	$\vec{X}$、$\vec{Z}$、$\widehat{X}$、$\widehat{Z}$
	半圆套	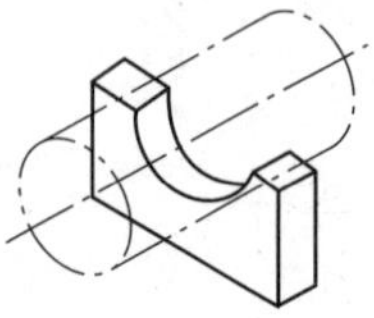	短半圆套	$\vec{X}$、$\vec{Z}$
			长半圆套	$\vec{X}$、$\vec{Z}$、$\widehat{X}$、$\widehat{Z}$
	锥套	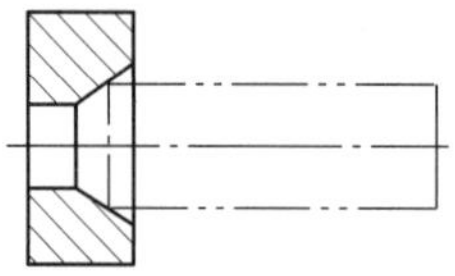		$\vec{X}$、$\vec{Y}$、$\vec{Z}$
		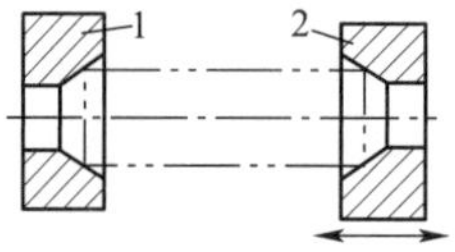	1——固定锥套 2——活动锥套	$\vec{X}$、$\vec{Y}$、$\vec{Z}$ $\widehat{X}$、$\widehat{Z}$
	支承板或支承钉	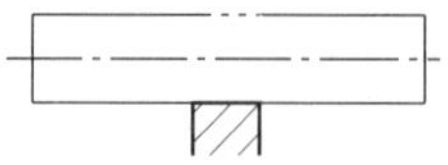	短支承板或支承钉	$\vec{Z}$
		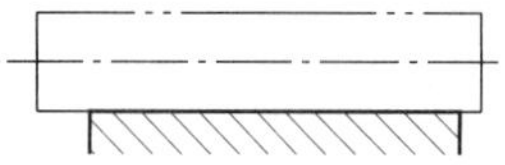	长支承板或两个支承钉	$\vec{Z}$、$\widehat{X}$
	V 型块	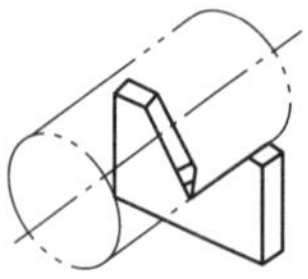	窄 V 形块	$\vec{X}$、$\vec{Z}$
		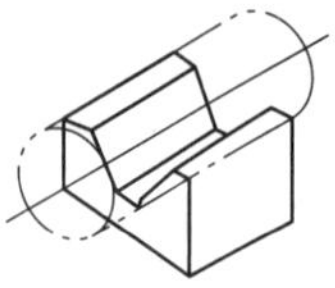	宽 V 形块	$\vec{X}$、$\vec{Z}$ $\widehat{X}$、$\widehat{Z}$

任务3　工件的夹紧

1. 夹紧力的确定

小词典

夹紧装置：零件定位后，为保持其定位时所确定的正确加工位置，防止零件在切削力、重力、惯性力等作用下发生位移或振动，必须采用一定的机构将零件压紧夹牢，夹具上这种用来把零件压紧夹牢的机构叫夹紧装置。

确定夹紧力就是确定夹紧力的大小、方向和作用点三个要素。在确定夹紧力的三要素时，应根据零件的结构特点、加工要求，并结合零件加工中的受力状况及定位元件的结构和布置方式等综合考虑。

1）夹紧力方向的确定

（1）夹紧力的方向应朝向主要的定位基准面。如图2-25所示，在直角支座上镗孔，本工序要求所镗孔与*A*面垂直，故应以*A*面为主要定位基准面，如图2-25a）所示。在确定夹紧力的方向时，应使夹紧力朝向*A*面即主要定位基准面，如图2-25d）所示，以保证孔与*A*面的垂直度。反之，若朝向*B*面，如图2-25b）、c）所示，则因*A*、*B*两面的夹角α有误差，就无法保证所镗孔与*A*面垂直的工序要求。

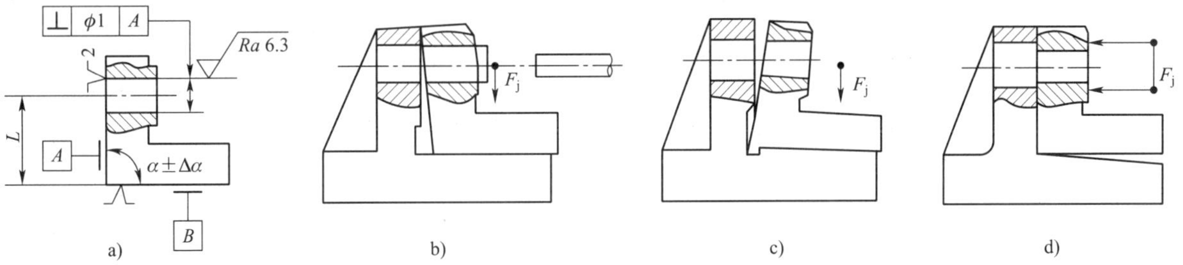

图2-25　夹紧力的方向应朝向主要的定位基准面

（2）夹紧力的方向应尽量与零件刚度最大的方向相一致，以减小零件变形。如图2-26所示的薄壁套筒零件，若用三爪自定心卡盘将薄壁套筒径向夹紧，则因零件的径向刚度比较差，易引起大的变形。若改成用螺母轴向夹紧零件，则因零件的轴向刚度比较大而不易产生变形。

（3）夹紧力的方向应尽量与切削力、零件重力的方向一致，以减小夹紧力。当夹紧力和切削力、零件自身重力的方向均相同时，加工过程中所需的夹紧力最小，从而能简化夹紧装置的结构和便于操作。如图2-27所示为在钻床上钻孔的情况，由于夹紧力F_j与零件重力G和切削力F同向，零件重力和切削力也能起到夹紧的作用，因此，这时所需的夹紧力为最小。

2）夹紧力作用点的确定

（1）夹紧力的作用点应落在支承点上或几个支承元件所形成的支承区域内，以保证零件已获得的定位位置不变。如图2-28所示，夹紧力的作用点不在支承元件范围内，产生了翻转力矩，将使零件倾斜或移动,破坏了零件的定位。正确的夹紧力作用点应施于支承区域内并靠近其几何中心或落在支承点上。其正确位置应如图 2-29a)中双点画线箭头或双点画线箭头以下所示位置,图 2-29b)中双点画线箭头所示位置。

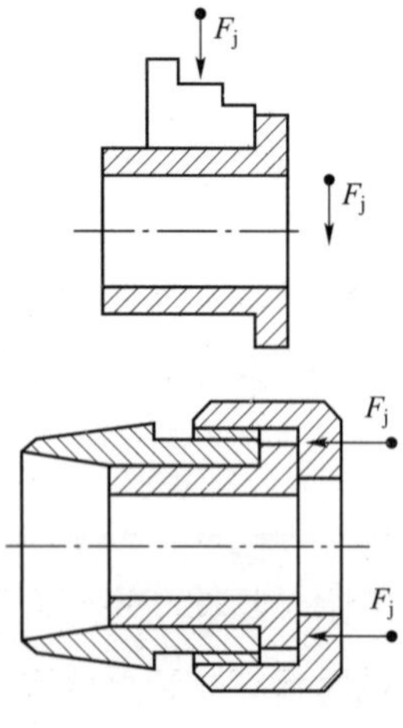

图 2-26 夹紧力方向与零件刚性的关系

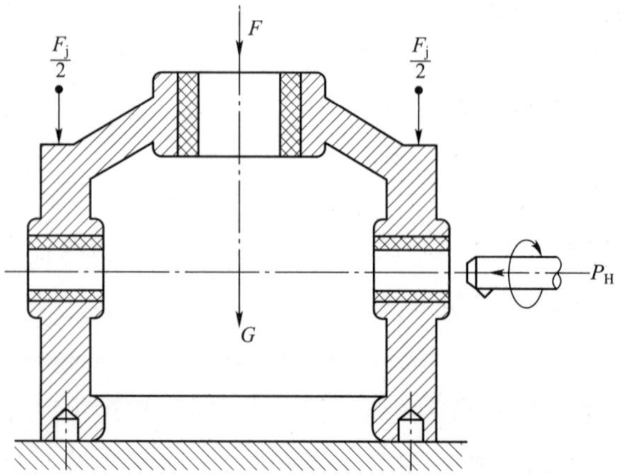

图 2-27 夹紧力与切削力、零件重力的关系

(2)夹紧力的作用点应落在零件刚性最好的部位,以减小零件的夹紧变形。如图 2-29a)所示,若把夹紧力作用点选在零件刚性较差的顶部中点,则零件会产生较大的变形。正确的选择如图 2-29b)所示,将夹紧力作用点选在零件刚性较好的部位,并改单点夹紧为两点夹紧,避免了零件产生不必要的变形且夹紧牢固可靠。

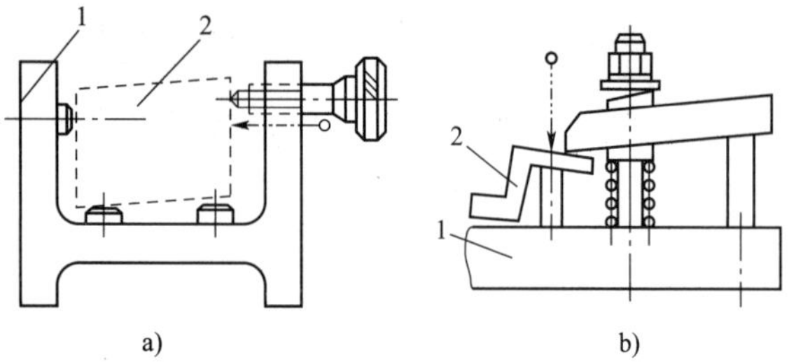

图 2-28 夹紧力作用点的位置

1-夹具体;2-零件

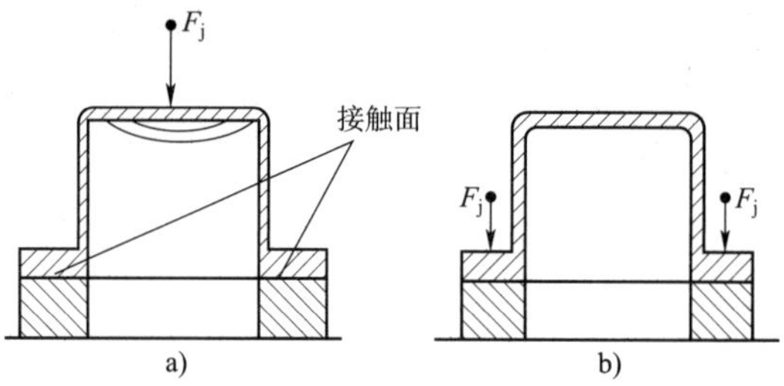

图 2-29 夹紧力的作用点应落在零件刚性最好的部位

(3)夹紧力作用点应尽量靠近被加工表面,以减小对零件造成的翻转力矩。如图 2-30 所示零件,在铣削 A、B 两端面时,由于主要夹紧力 F_j 垂直作用于主要定位基准面,如果不再施加其他夹紧力,因夹紧力 F_j 没有靠近加工部位,加工过程中易产生振动。所以,应在靠近加工表面的地方设置辅助支承增加夹紧力 F'_j 或采用浮动夹紧机构,这样就提高了零件的装夹刚度,减小了零件加工时的振动。

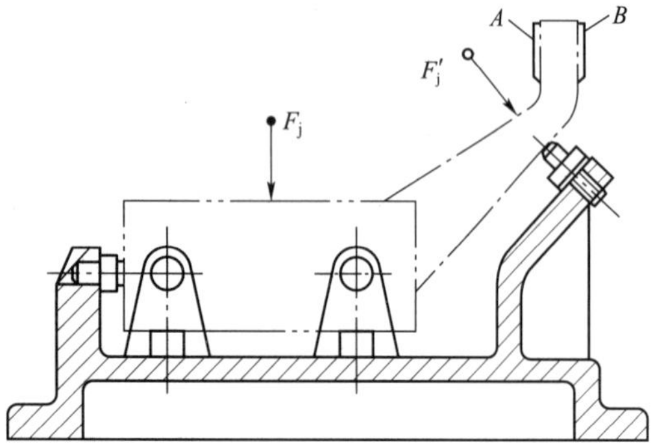

图 2-30 夹紧力的作用点应靠近加工部位

3)夹紧力大小的确定

在夹紧力的方向、作用点确定之后,就要确定夹紧力的

大小。夹紧力的大小应适当,夹紧力太小,难以保证零件定位的稳定性和加工质量;夹紧力太大,将会增大夹紧装置的结构尺寸,还会使夹紧系统的变形增大,从而影响加工质量。

在加工过程中,零件受到切削力、离心力、惯性力及重力的作用,从理论上讲要使零件保持正确的定位位置不变,夹紧力的大小应与上述各力(矩)的大小相平衡。实际上,夹紧力的大小还与工艺系统的刚性、夹紧机构的传递效率等有关。

2. 夹紧机构的合理选择

在生产实践中,夹紧机构的种类虽然很多,但就其结构来说,都是以斜楔夹紧机构、螺旋夹紧机构和偏心夹紧机构为基础的。所以,这三种夹紧机构统称为基本夹紧机构。

1)斜楔夹紧机构

斜楔夹紧机构是指利用斜面直接或间接夹紧零件的机构。如图2-31所示为几种斜楔夹紧机构夹紧零件的实例。图2-31a)是在零件上钻互相垂直的ϕ8mm、ϕ5mm的两个孔。零件装入后,敲击斜楔大头,夹紧零件。加工完成后,敲击小头,松开零件。由于用斜楔直接夹紧零件时夹紧力较小,且操作费时费力,所以实际生产中单独应用的不多,一般情况下是将斜楔与其他机构联合使用。图2-31b)是将斜楔与滑柱压板组合而成的机动夹紧机构。

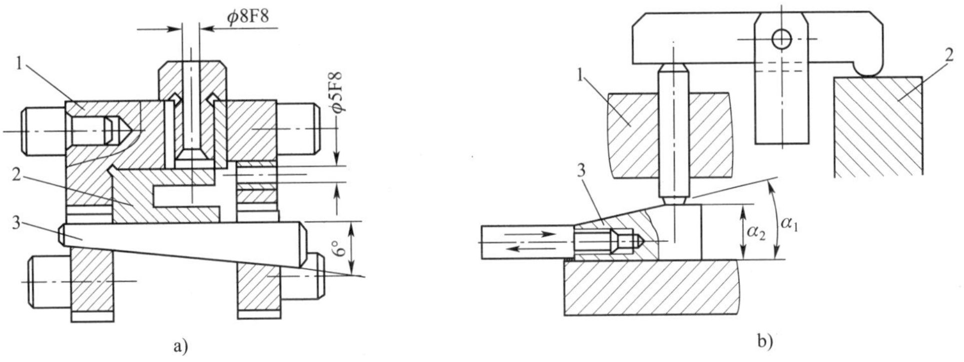

图2-31　斜楔夹紧机构

1-夹具体;2-零件;3-斜楔

斜楔夹紧机构的特点是具有增力作用,但夹紧行程较小。

2)螺旋夹紧机构

螺旋夹紧机构是指由螺钉、螺母、垫圈、压板等元件组成的一种夹紧机构。如图2-32所示为应用这种机构夹紧零件的实例。螺旋夹紧机构的结构简单、制造容易、通用性好,而且由于螺旋相当于由平面斜楔缠绕在圆柱表面形成,且螺旋线长、升角小,所以螺旋夹紧机构的自锁性能好、夹紧力和夹紧行程大,目前在夹具中得到广泛应用。

(1)单个螺旋夹紧机构。直接用螺钉、螺母夹紧零件的机构,称为单个螺旋夹紧机构。如图2-32a)所示,用螺钉头直接压在零件表面上,因接触面积小,压强大,所以在转动螺钉时,可能会损伤零件的已加工表面,或带动零件旋转。在实际应用中,常在螺钉头部装上如图2-32b)所示的可以摆动的压块,由于压块与零件间的接触面积大大增加,压强大大减小,且压块与零件间的摩擦力矩大于压块与螺钉间的摩擦力矩,所以可防止发生上述现象。

标准压块的结构有两种(图 2-32),A 型的端面是光滑的,用于已加工表面,B 型端面有齿纹,用于夹紧毛坯的粗糙表面。

(2)快速螺旋夹紧机构。单个螺旋夹紧机构在使用时夹紧动作慢,零件装卸费时。所以,为迅速夹紧零件,减少辅助时间,生产中常采用各种快速螺旋夹紧机构。图 2-33a)所示为带有开口垫圈的螺母夹紧机构,螺母的外径小于零件的内孔,当松夹时,将螺母拧松半扣,抽出开口垫圈,零件即可穿过螺母被取出;图 2-33b)所示为快卸螺母结构,螺母内钻有光滑斜孔,其直径略大于螺纹公称直径,当松夹时,将螺母旋松后,让其向右摆动即可直接卸掉螺母,实现快速装夹的目的。图 2-33c)所示为回转压板夹紧机构,当松夹时,将回转压板逆时针转过适当角度零件即可从工面取出。

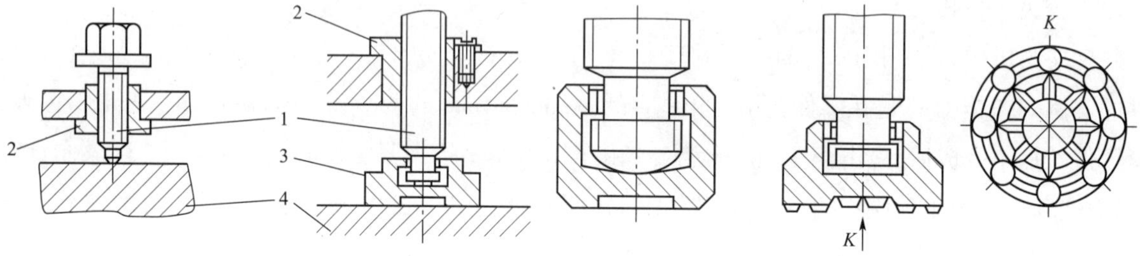

a)单个螺旋夹紧　b)摆动压块夹紧　c)A型　d)B型

图 2-32　螺旋夹紧机构及摆动压块

1-螺钉、螺杆;2-螺母套;3-摆动压块;4-零件

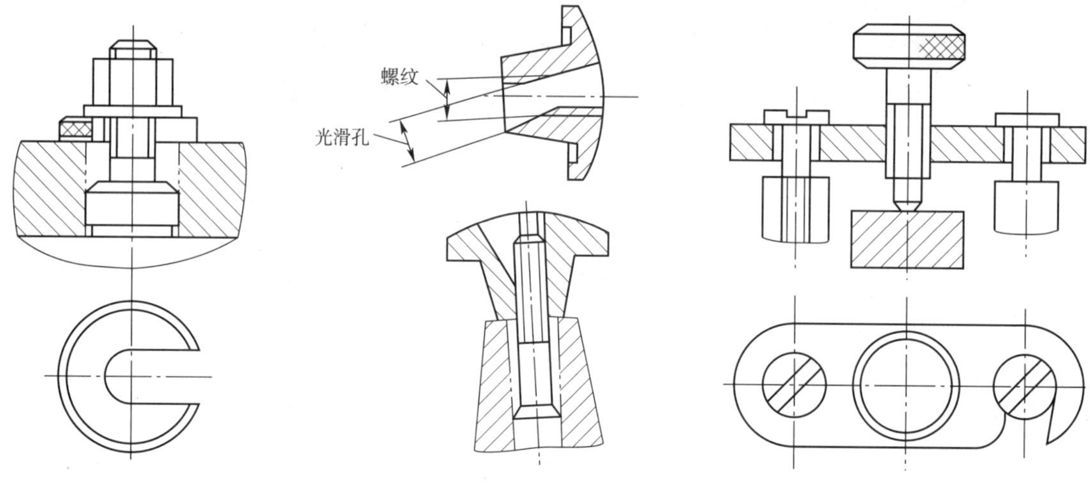

a)　b)　c)

图 2-33　快速螺旋夹紧机构

3)偏心夹紧机构

用偏心件直接或间接夹紧零件的机构,称为偏心夹紧机构。常用的偏心件有圆偏心和曲线偏心两种。圆偏心可分为圆偏心轮和圆偏心轴;曲线偏心可分为对数曲线和阿基米德曲线。因曲线偏心制造困难,故应用较少。而圆偏心因结构简单,制造容易,在夹具中应用较多。如图 2-34 所示为常见的采用圆偏心轮的夹紧机构。

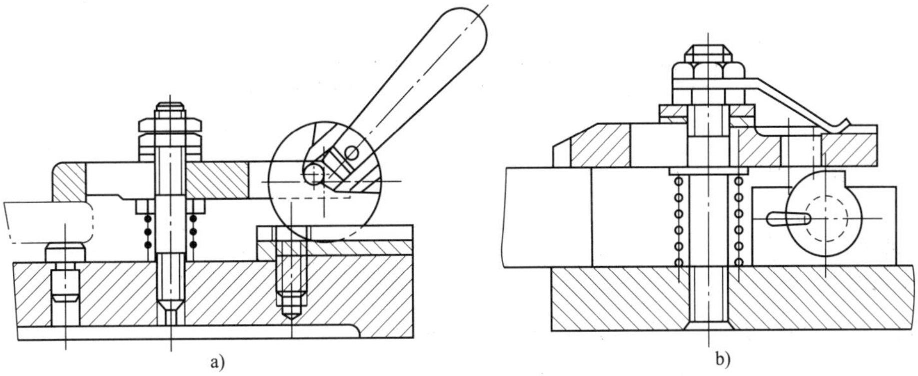

图 2-34　圆偏心轮的夹紧机构

圆偏心夹紧机构的特点是结构简单、操作方便、夹紧迅速,缺点是夹紧力和夹紧行程较小,机构耐振性能差,自锁性能不稳定。一般用于切削力不大、振动小、没有离心力影响的场合。

任务4　工件定位基准的选择

定位基准分为粗基准和精基准。

小词典

粗基准：没有经过切削加工就用作定位基准的表面。

精基准：经过切削加工才用作基准的表面。

在制定零件的机械加工工艺规程时，总是先考虑选择怎样的精基准把各个表面加工出来，然后考虑选择怎样的粗基准把精基准的各个基面加工出来。

1. 精基准的选择

选择精基准的原则有以下几个方面。

1）基准重合原则

如图2-35所示，阶梯轴的第一工序是车端面钻顶尖孔，定位方式是以两顶尖安装。

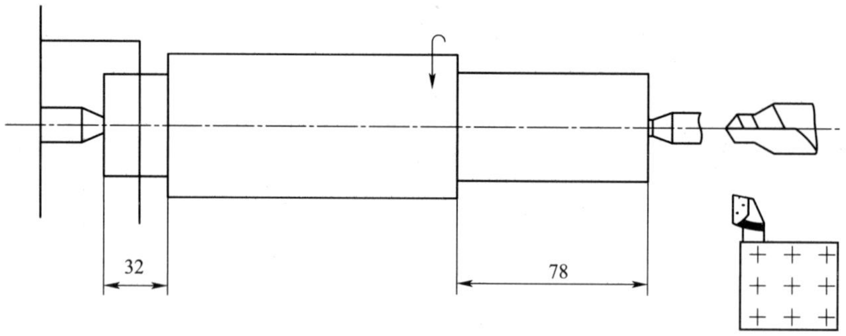

图2-35　基准重合原则示例

此定位方式中，阶梯轴各外圆柱表面的设计基准是轴的中心线，装夹时采用两顶尖孔作为定位基准面不但能在一次装夹中加工出多处外圆和端面，而且可保证各外圆轴线的同轴度以及端面与轴线的垂直度要求，实现设计基准和定位基准重合。

小提示

基准重合原则：应尽可能选用加工表面的设计基准作为定位基准，以避免定位基准与设计基准不重合而引起的基准不重合误差。

如图2-36所示，其中a）图为工序简图，在工件上铣缺口，加工尺寸为A和B。b）图为加工示意图。工件以底面和E面定位，C是确定夹具与刀具相对位置的对刀尺寸，在一批工件的加工过程中，C的大小是不变的。对尺寸A来说，工序基准是F面，定位基准是E面，两者不重合。当一批工件逐个在夹具定

位时受尺寸 $S \pm (T_s/2)$ 的影响，工序基准 F 面的位置是变动的，而 F 面的变动影响了 A 的大小，给尺寸 A 造成误差，这就是基准不重合误差。因此，在选择定位基准时，应尽可能遵守“基准重合”原则。

2）基准统一原则

加工图 1-2 的阶梯轴，采用中心线（两顶尖孔）为定位基准，进行外圆表面车削和磨削加工，既符合基准重合，又符合基准统一。

小提示

基准统一原则：应尽可能使多个加工表面和加工工序使用同一个定位基准面。

3）自为基准原则

如图 2-37 所示，磨削床身导轨面时，应以床身导轨面作为定位基准面。此时床脚平面只是起一个支承平面的作用，它并非是定位基准面，这种定位方式称为自为基准。

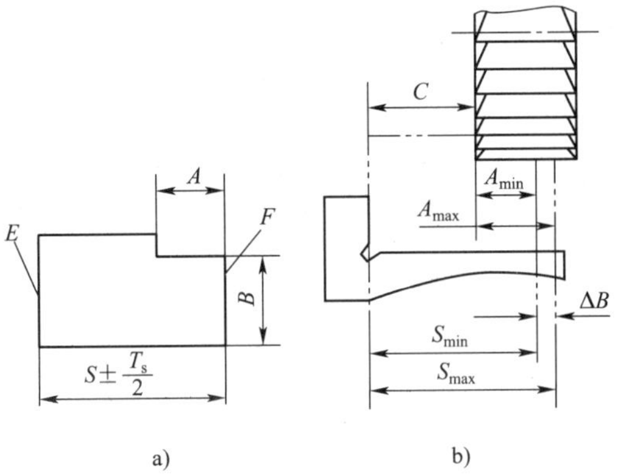

图 2-36　基准不重合误差示例

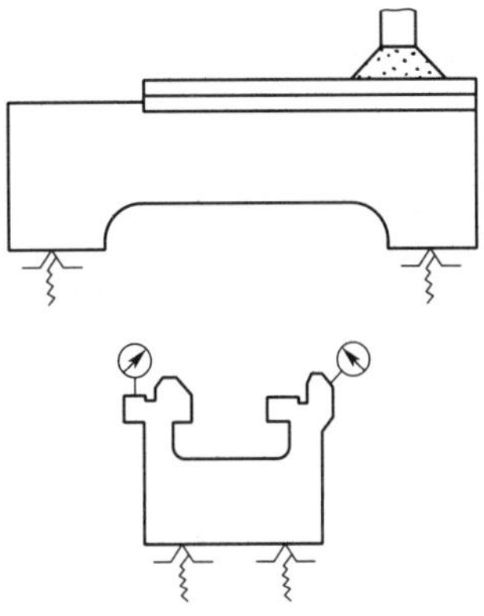

图 2-37　自为基准原则示例一

小提示

自为基准原则：在精加工或光整加工工序要求余量小而均匀时，应选择加工表面本身作为精基准。

如图 2-38 所示，在实际生产中浮动铰刀铰孔、圆拉刀拉孔和无心外圆磨床磨削外圆等均采用自为基准。

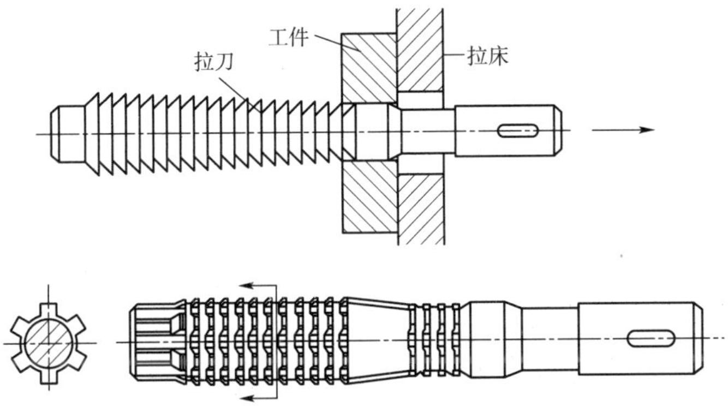

图 2-38　自为基准原则示例二

4）互为基准原则

对于如图 2-39 所示的导套，在磨削加工时，先以外圆柱面作定位基准，在内圆磨床上加工 ϕ32H8 的内孔；再以 ϕ32H8 的内孔作定位基准，在心轴上磨削外圆至 ϕ42k6。采用这种定位方法容易保证各加工表面都有足够的加工余量，达到较高的同轴度要求。这种定位方式称为互为基准。

小提示

互为基准原则：相互位置精度要求高的零件，采用互为基准反复加工的原则。

在实际生产中磨削精密齿轮时，以内孔定位加工齿面，齿面经高频淬火后，先以齿面为基准磨内孔，再以内孔为基准磨齿面。这就是互为基准原则的应用。

2. 粗基准的选择

正确的粗基准能够为后续工序提供必要的定位基面。选择粗基准的原则有以下几条。

1）余量最小原则

如图 2-40 所示的阶梯轴，加工两级阶梯轴外圆时，选择 ϕ55mm 外圆表面作粗基准时，因其加工余量较小，可提高毛坯的合格率。如果选 ϕ108mm 的外圆表面为粗基准加工 ϕ55mm 表面，当两个外圆表面的偏心为 3mm 时，则加工后的 ϕ50mm 外圆表面，因一侧加工余量不足而出现部分毛面，使工件报废。

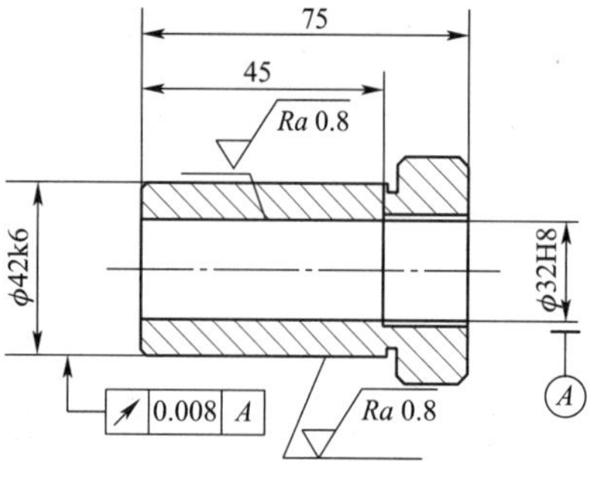

图 2-39　互为基准原则示例

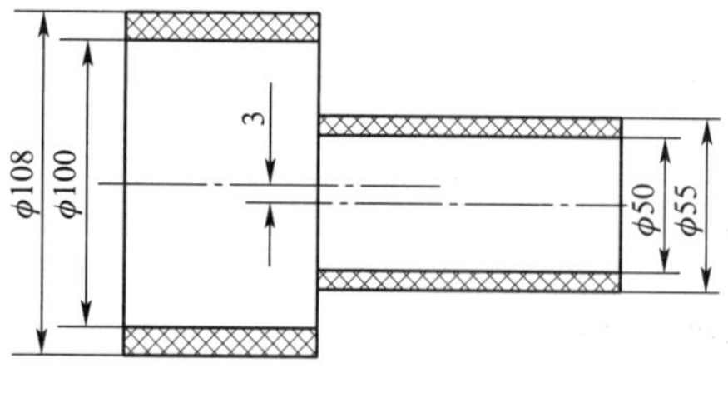

图 2-40　阶梯轴粗基准选择

小提示

余量最小原则：为了保证零件各个加工面都能分配到足够的加工余量，应选择加工余量最小的表面作为粗基准。

2）重要表面原则

如图 2-41 所示，加工机床床身零件时，应选择导轨表面作为加工床身铸件两底面的粗基准。目的在于重要导轨面上只需要少而均匀地切去一层金属，从而保留尽可能多的优良组织层，也可使工件安装平稳可靠。

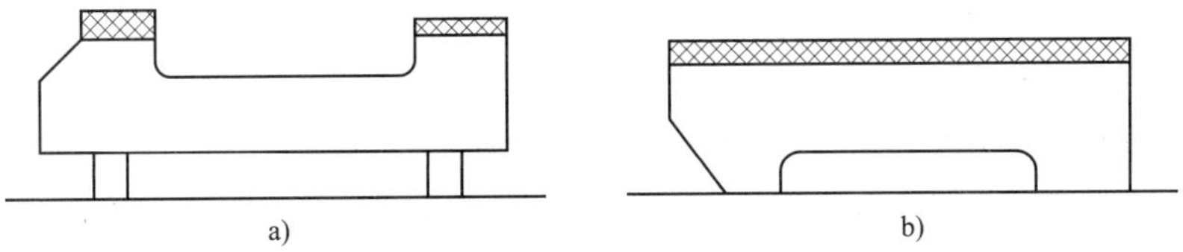

图 2-41　重要表面原则示例

小提示

重要表面原则：为了保证工件上某些重要表面的加工余量均匀，则应选择该表面为粗基准。

3）加工表面原则

如图 2-42 所示，外表面是非加工表面的套筒毛坯，加工内孔时，为保证镗孔后壁厚均匀，即内圆表面与外圆表面同轴，应选择外圆表面为粗基准。

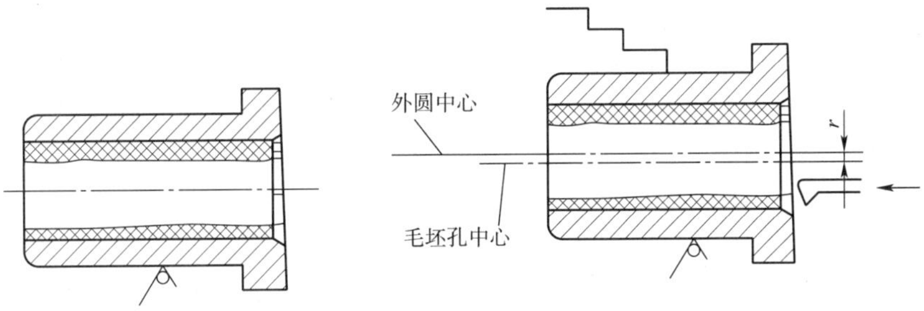

图 2-42　非加工表面原则示例

小提示

非加工表面原则：选择非加工表面作为粗基准，可以使加工表面与非加工表面之间的位置误差最小。

4）不重复使用原则

如图 2-43 所示的小轴，如重复使用毛坯表面 *B* 定位去分别加工表面 *A* 和 *C*，在两次装夹中，外圆面 *B* 的旋转轴线是变化的，必然会使此两加工表面产生较大的同轴度误差。

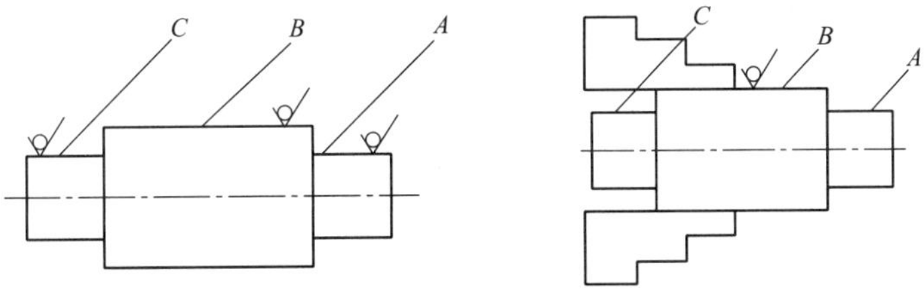

图 2-43　重复使用粗基准示例

A、*C* 加工面；*B*-毛坯面

小提示

不重复使用原则：一般情况下，同一尺寸方向上的粗基准表面只能使用一次，重复使用会使相应的加工表面间产生较大的位置误差。

思考与练习

1. 机床夹具由几个组成部分？各部分的功能是什么？
2. 什么是完全定位、不完全定位、欠定位和过定位？试想一想实用的例子。
3. 什么是粗基准和精基准？选择粗、精基准的原则是什么？
4. 分析如图 2-44 所示轴的定位情况。

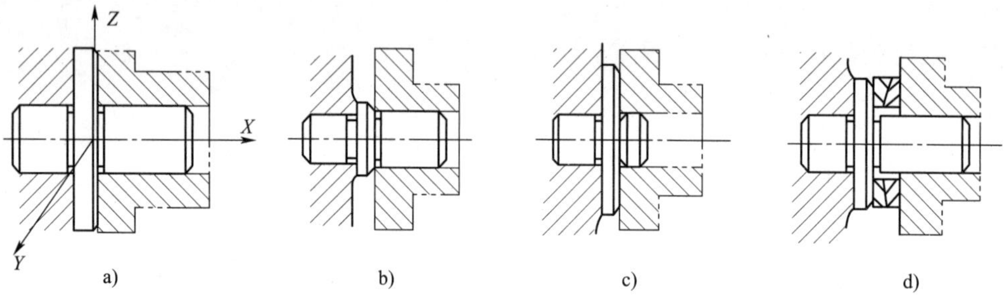

图 2-44　轴的定位分析

5. 分析如图 2-45 所示连杆的定位情况。

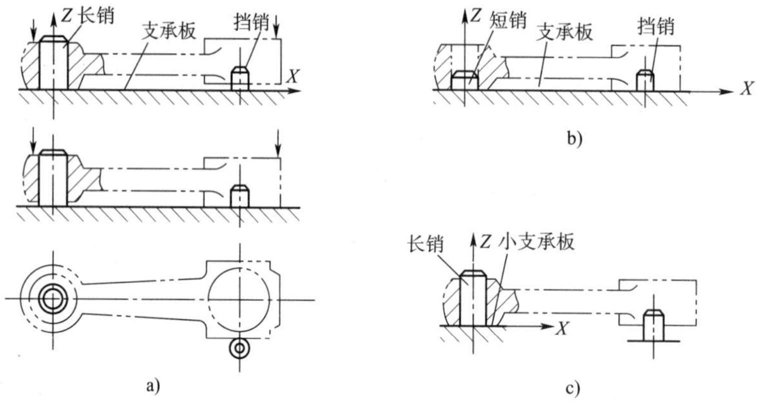

图 2-45　连杆的定位分析

项目3　机械加工工艺规程的制订

项目目标

1. 分析零件的结构工艺性；
2. 合理选择零件毛坯；
3. 合理选择零件表面加工方法；
4. 合理划分零件加工阶段，安排加工顺序；
5. 合理确定零件加工余量、工序尺寸及其公差。

机械加工工艺规程是机械制造工厂最主要的技术文件，严格的工艺规程，能有效保证产品的加工质量。工艺规程的制订需要分析零件的结构工艺性及各表面的加工方法，划分加工阶段，安排加工顺序，确定工序加工余量等。

任务 1　零件的结构工艺性分析及毛坯的选择

在制订零件的机械加工工艺规程前，先要进行零件的结构工艺性分析和毛坯的选择。

1. 零件的结构工艺性

零件的结构工艺性是指零件的结构在保证使用要求的前提下，是否能以较高的生产率和最低的成本而方便地制造出来的特性。许多功能相同而结构不相同的零件，它们的加工方法与制造成本往往差别很大，所以要分析零件的结构工艺性。

表 3-1 列出了零件结构工艺性对比的一些示例。

2. 毛坯的选择

毛坯种类的选择，不仅影响着毛坯的制造工艺、设备及制造费用，而且对零件机械加工工艺、设备和工具的消耗以及工时定额也都有很大的影响。因此为正确选择毛坯，常需要毛坯制造和机械加工两方面工艺人员的紧密配合，以兼顾冷、热加工两方面的要求。

零件结构工艺性实例　　表 3-1

序号	工艺性内容	不合理的结构	合理的结构	说　明
1	加工面积应尽量小	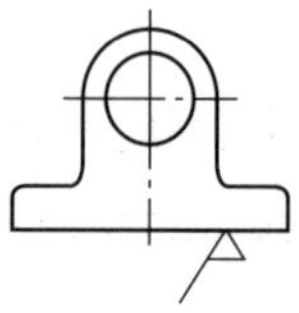	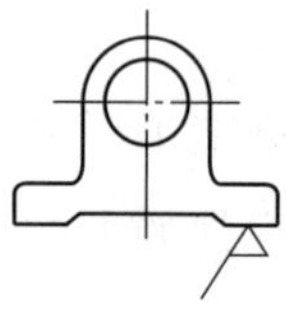	1. 减少加工量； 2. 减少刀具及材料的消耗量
2	钻孔的入端和出端应避免斜面	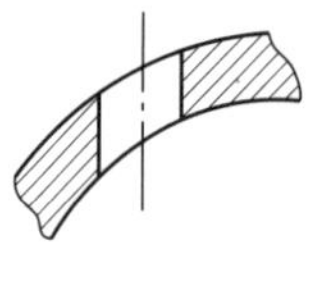	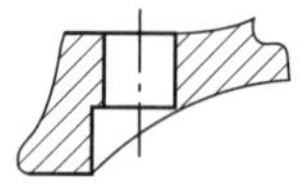	1. 避免钻头折断； 2. 提高生产率； 3. 保证精度
3	槽宽尺寸一致	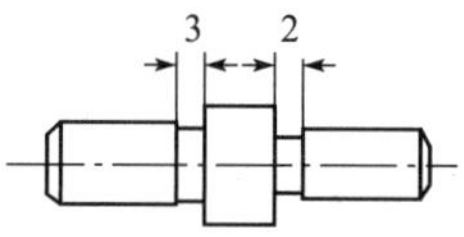	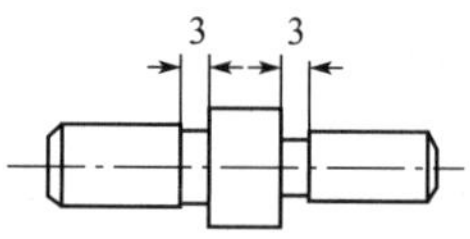	1. 减少换刀次数； 2. 提高生产率
4	键槽布置在同一方向上	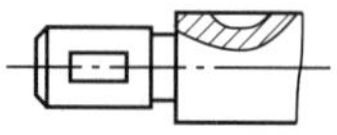	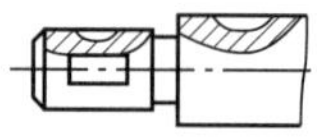	1. 减少调整次数； 2. 保证位置精度
5	孔的位置不能距壁太近	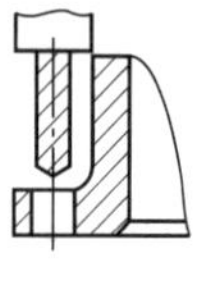	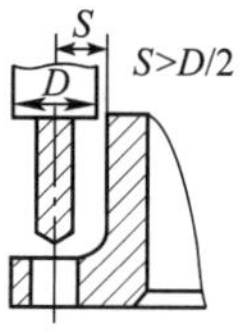	1. 可以采用标准刀具； 2. 便于加工

续上表

序号	工艺性内容	不合理的结构	合理的结构	说　明
6	槽的底面不应与其他加工面重合	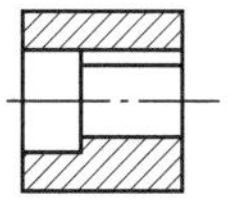	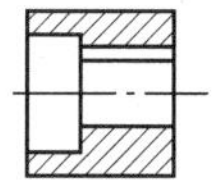	1. 便于加工； 2. 避免损伤已加工表面
7	螺纹根部应有退刀槽	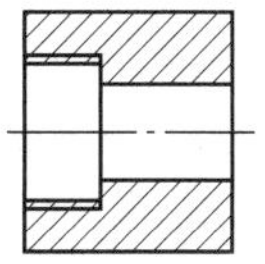	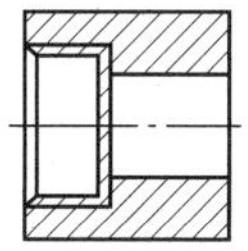	1. 避免损伤刀具； 2. 便于加工
8	凸台表面应位于同一平面上	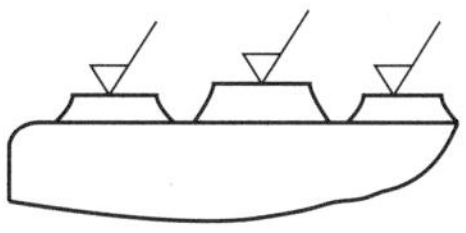	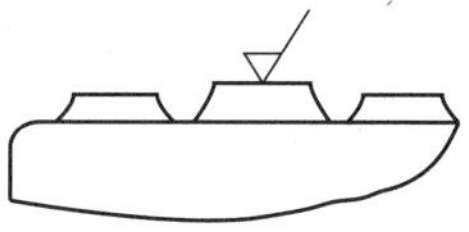	1. 生产率高； 2. 易保证精度
9	轴上两相接精加工表面间应设刀具越程槽	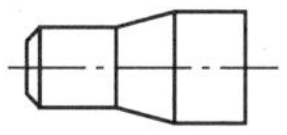	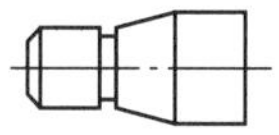	1. 便于加工； 2. 易保证精度

1)毛坯的种类

(1)铸件：形状复杂的毛坯，宜采用铸造方法制造。

(2)锻件：锻件有自由锻造锻件和模锻件两种。

自由锻造锻件适用于单件和小批生产，以及大型锻件。模锻件适用于产量较大的中小型锻件。

(3)型材：型材有热轧和冷拉两类。

热轧型材尺寸较大，精度较低，多用于一般零件的毛坯。冷拉型材尺寸较小，精度较高，多用于制造毛坯精度要求较高的中小型零件，适用于自动机加工。

(4)焊接件：对于大件来说，焊接件简单方便，特别是单件小批生产可以大大缩短生产周期，但焊接的零件变形较大，需要经过时效处理后才能进行机械加工。

2)毛坯的选择原则

在进行毛坯选择时，应考虑下列因素。

(1)零件材料的工艺性及零件对材料组织和性能的要求。如零件材料为铸铁与青铜的，应选择铸件毛坯；对于钢质零件，重要零件一般选择锻件毛坯，不重要零件，一般选择棒料。

(2)零件的结构形状与外形尺寸。对于阶梯轴，当各级外圆直径相差不大时可选取同型材(棒料)；当各级外圆直径相差较大时，为减少材料消耗和机械加工劳动量，则选择锻件毛坯。

对于一些非旋转体的板条形钢质零件，一般多选择锻件毛坯。

对于尺寸较大的零件，选择精度和生产率较低的砂型铸造或自锻造毛坯。对于中小型零件，可选择模锻或特种铸造的毛坯。

(3)生产类型。当零件的产量较大时，应选择精度和生产率都比较高的毛坯制造方法，这样制造毛坯的设备和装备价格则比较高,但这可由材料消耗的减少和机械加工费用的降低来补偿。零件的产量较小时,应选择精度和生产率均较低的毛坯制造方法。

(4)现有生产条件。选择毛坯时,还要考虑现场毛坯制造的实际工艺水平、设备状况以及对外协作的可能性。

3)毛坯形状和尺寸的确定

通过毛坯精化使毛坯的形状和尺寸尽量与零件接近,减少机械加工的劳动量,力求实现少切削或无切削加工。但是,由于现有毛坯制造工艺技术的限制,加之产品零件的精度和表面质量的要求又越来越高,所以毛坯上某些表面仍需留有一定的加工余量,以便通过机械加工来达到零件的质量要求。毛坯制造尺寸和零件尺寸的差值称为毛坯加工余量,毛坯制造尺寸的公差称为毛坯公差。毛坯加工余量及公差同毛坯制造方法有关,生产中可参照有关工艺手册和部门或企业的标准确定。

任务2　表面加工方法的选择

汽车零件的种类很多，由于其结构、功能及所用材料的不同，加工方法也各不相同。

汽车是由各种不同类型的零件组成的，零件的结构千差万别，但都是由一些基本表面和特性表面组成的。零件基本表面主要包括外圆柱面、内圆柱面、平面；零件特性表面包括成形表面、螺纹表面、齿形表面、花键表面等。

汽车各类零件机械加工过程差异很大，但是有着共同的规律。如零件外圆柱面相应的加工方法有：车削、磨削等；内圆柱面相应的加工方法有：钻削、铰削、车削、镗削、拉削、磨削等；平面相应的加工方法有：铣削、刨削、拉削、磨削、车削等。

要使汽车零件各表面达到相关的技术要求，需要按一定的顺序经过多种加工方法才能完成。表3-2～表3-4列出了外圆、内圆、平面常用的加工方法。

外圆表面加工方法　　表3-2

序号	加工方法	加工经济精度（公差等级表示）	经济表面粗糙度值 Ra（μm）	适用范围
1	粗车	IT11以下	12.5～50	适用于淬火钢以外的各种金属
2	粗车—半精车	IT8～IT10	3.2～6.3	
3	粗车—半精车—精车	IT7～IT8	0.8～1.6	
4	粗车—半精车—精车—滚压（或抛光）	IT7～IT8	0.025～0.2	
5	粗车—半精车—磨削	IT7～IT8	0.4～0.8	主要用于淬火钢，也可用于未淬火钢，但不宜加工非铁合金
6	粗车—半精车—粗磨—精磨	IT6～IT7	0.1～0.4	
7	粗车—半精车—粗磨—精磨—超精加工（或轮式超精磨）	IT5	0.012～0.1	
8	粗车—半精车—精车—精细车（金刚车）	IT6～IT7	0.025～0.4	主要用于要求较高的非铁合金加工
9	粗车—半精车—粗磨—精磨—超精磨	IT5以上	0.006～0.025	极高精度的外圆加工
10	粗车—半精车—粗磨—精磨—研磨	IT5以上	0.006～0.1	

内圆表面加工方法　　表3-3

序号	加工方法	加工经济精度（公差等级表示）	经济表面粗糙度值 Ra（μm）	适用范围
1	钻	IT11～IT12	12.5	用于未淬火钢及铸铁的实心毛坯，也可用于加工非铁合金（但表面粗糙度稍粗糙，孔径小于15～20mm）
2	钻—扩	IT9	1.6～3.2	
3	钻—粗铰—精铰	IT7～IT8	0.8～1.6	

续上表

序号	加 工 方 法	加工经济精度（公差等级表示）	经济表面粗糙度值 Ra（μm）	适 用 范 围
4	钻—扩	IT10～IT11	6.3～12.5	同上，但孔径为15～20mm
5	钻—扩—铰	IT8～IT9	1.6～3.2	
6	钻—扩—粗铰—精铰	IT7	0.8～1.6	
7	钻—扩—机铰—手铰	IT6～IT7	0.1～0.4	
8	钻—扩—拉	IT7～IT9	0.1～1.6	大批量生产（精度由拉刀的精度而定）
9	粗镗（或扩孔）	IT11～IT12	6.3～12.5	除淬火钢外各种材料，毛坯有铸出孔或锻出孔
10	粗镗（粗扩）—半精镗（精扩）	IT8～IT9	1.6～3.2	
11	粗镗（粗扩）—半精镗（精扩）—精镗（铰）	IT7～IT8	0.8～1.6	
12	粗镗（粗扩）—半精镗（精扩）—精镗—浮动镗刀精镗	IT6～IT7	0.4～0.8	

平面表面加工方法 表3-4

序号	加 工 方 法	加工经济精度（公差等级表示）	经济表面粗糙度值 Ra（μm）	适 用 范 围
1	粗车	IT11～IT13	12.5～50	端面
2	粗车—半精车	IT8～IT10	3.2～6.3	
3	粗车—半精车—精车	IT7～IT8	0.8～1.6	
4	粗车—半精车—磨削	IT6～IT8	0.2～0.8	
5	粗刨（或粗铣）	IT11～IT13	6.3～25	一般不淬硬平面（端铣表面粗糙度值 *Ra* 较小）
6	粗刨（或粗铣）—精刨（或精铣）	IT8～IT10	1.6～6.3	
7	粗刨（或粗铣）—精刨（或精铣）—刮研	IT6～IT7	0.1～0.8	精度要求较高的不淬硬平面，批量较大时宜采用宽刃精刨方案
8	以宽刃精刨代替上述刮研	IT7	0.2～0.8	
9	粗刨（或粗铣）—精刨（或精铣）—磨削	IT7	0.2～0.8	精度要求高的淬硬平面，或不淬硬平面
10	粗刨（或粗铣）—精刨（或精铣）—粗磨—精磨	IT6～IT7	0.25～0.4	
11	粗铣—拉削	IT7～IT9	0.2～0.8	大量生产，较小的平面（精度视拉刀精度而定）
12	粗铣—精铣—磨削—刮研	IT5以上	0.006～0.1	高精度平面

选择加工方法时应考虑以下三方面的问题。

（1）要保证加工表面的加工精度和表面粗糙度的要求。一般总是首先根据零件主要表面的技术要求和工厂的具体条件，先选定它的最终加工方法，然后再逐一选定各有关前道工序的加工方法。如加工一个精度为IT6，表面粗糙度 *Ra* 值为0.2μm的外圆表面，其最终工序的加工方法如选用精磨，则其前道工序可分别选为：粗车、半精车、粗磨和半精磨。

(2)应考虑生产率和经济性的要求。大批大量生产时,应尽量采用配有专用夹具的专用机床加工及高效率的先进加工方法,如拉削内孔与平面等。但在年产量不大的情况下,应采用在通用机床上加工的一般加工方法。

(3)应考虑工件的材料。如硬度低的有色金属就不宜采用磨削方法进行精加工,而淬火钢就需采用磨削加工的方法进行精加工。

任务3 加工阶段的划分

1. 加工阶段的划分

机械加工工艺过程一般可以划分为粗加工阶段、半精加工阶段和精加工阶段，当零件的表面粗糙度要求很高时，要进行光整加工。

1）粗加工阶段

高效地切除各加工表面上的大部分加工余量，使毛坯在形状和尺寸上接近零件成品。

粗加工阶段一般可达到的尺寸精度为IT13～IT11；表面粗糙度 *Ra* 值为50～12.5μm。

2）半精加工阶段

减少粗加工后留下的误差，使工件达到一定精度，为精加工做准备，并完成一些次要表面的加工（如钻孔、攻螺纹、铣键槽等）。

半精加工阶段一般可达到的尺寸精度为IT10～IT8；表面粗糙度 *Ra* 值为6.3～1.6μm。

3）精加工阶段

保证各主要表面达到图样规定的质量要求。

精加工阶段一般可达到的尺寸精度为IT7～IT6；表面粗糙度 *Ra* 值为0.8～0.4μm。

4）光整加工阶段

减小表面粗糙度值或进一步提高尺寸精度和形状精度。但是一般不能纠正加工表面的位置误差。

光整加工阶段一般可达到的尺寸精度为IT5～IT4；表面粗糙度 *Ra* 值为0.2～0.1μm。

2. 划分加工阶段的原因

1）保证加工质量

工件粗加工时切除金属较多，产生较大的切削力和切削热，同时也需要较大的夹紧力，而且粗加工后面应力要重新分布。在这些力的和热的作用下，工件会发生较大的变形。如果不分阶段地连续进行粗精加工，就无法避免上述原因所引起的加工误差。加工过程分阶段后，粗加工造成的误差，通过半精加工即可得到纠正，并逐步提高了零件的加工精度和降低了表面粗糙度值，保证了零件加工质量的要求。

2）合理使用设备

加工过程划分阶段后，粗加工可采用功率大、刚度好和精度较低的高效率机床以提高生产率，精加工时则应采用高精度机床以确保零件的精度要求。

3）便于安排热处理工序

热处理工序将机械加工工艺过程自然划分为几个阶段。例如：对一些精密零件，粗加工后去除应力的时效处理，可减少内应力变形对精加工的影响；半精加工后安排淬火不仅容易满足零件的性能要求，而且淬火引起的变形又可通过精加工工序予以消除。

4）及时发现缺陷

粗、精加工分开后，毛坯的缺陷（如气孔、沙眼和加工余量不足等）在粗加工后即可及早发现，及时决定修补或报废，以免对报废的零件继续进行精加工而浪费工时和其他制造费用。精加工安排在后面，还可保证其不受损伤。

在拟定零件的工艺路线时，一般应遵循划分加工阶段这一原则，但具体运用时要灵活掌握，不能绝对化。例如，对于一些毛坯质量高、加工余量小、加工精度要求较低而刚性又较好的零件，即不必划分阶段。

小提示

应当指出：加工阶段的划分，是对零件加工的整个过程来说的，不能从某一表面的加工或某一工序的性质来判断。例如有些定位基准在半精加工阶段甚至粗加工阶段就需要加工得很精确，而某些钻小孔的粗加工工序，常常又在安排精加工阶段进行。

任务4　机械加工顺序的安排

1. 工序的集中与分散

工序集中与工序分散是拟定工艺的两个不同原则。

1）工序集中

零件的加工集中在少数工序内完成，每个工序包括比较多的工步。它的特点是：

（1）工序数目少、设备数量少，可相应减少操作工人人数和生产用地面积。

（2）工序装夹次数少，不但缩短了辅助时间，而且在一次装夹下所加工的各个表面之间容易保证较高的位置精度。

（3）有利于采用高效专用机床和工艺设备，生产效率高。

（4）由于采用比较复杂的专用设备和专用工艺装备，因此生产准备工作量大，调整费时。

2）工序分散

整个工艺过程工序数量多，每个工序包括比较少的工步。它的特点是：

（1）工序数目多，设备数量多，相应地增加了操作工人人数和生产用地面积。

（2）可以选用最有利的切削用量。

（3）机床、刀具、夹具等结构简单，调整方便。

（4）往往采用专机加工，不易改变生产对象，适应性差。

在大批大量生产中，大多采用高效机床、专用机床及自动生产线等设备按工序分散原则组织工艺过程。在成批生产中，既可按工序分散原则组织工艺过程，也可采用多刀半自动车床、数控机床等高效通用机床按工序集中原则组织工艺过程。单件小批生产中，宜用通用机床按工序集中原则组织工艺过程。

2. 机械加工顺序的安排

1）机械加工工序的安排

机械加工工序的安排主要取决于定位基准的选择与转换。

（1）先基准后其他。选作精基准的表面应安排在工艺过程的一开始就进行加工，以便为后续工序的加工提供精基准。图1-2的阶梯轴的工序1是车端面、钻中心孔，就是为后续工序制造了定位基准。

（2）先粗后精。整个零件的加工工序，应是粗加工工序在前，相继为半精加工、精加工及光整加工工序。

（3）先主后次。先加工零件主要加工表面（装配基准面、工作表面），然后加工次要表面（键槽、紧固螺钉用的光孔和螺孔、润滑油孔等）。

由于次要表面的加工工作量较小，又常常与主要加工表面之间有位置精度要求，所以次要表面的加工一般安排在主要表面加工结束之后或穿插在主要表面加工过程中进行。但是，次要表面的加工须安排在主要表面后精加工或光整加工之前，以免主要表面的精度和表面质量因搬运、安装等原因受到损伤。图1-2的阶梯轴加工工序铣键槽，安排在车外圆之后，磨外圆之前。

(4)先面后孔。对于箱体类零件，平面的轮廓尺寸较大，先加工平面作为定位基准比较稳定，有利于保证孔的加工精度。

2)辅助工序的安排

辅助工序种类很多，包括工件的检验、去毛刺、平衡及清洗工序等，其中，检验工序是主要的辅助工序。在每道工序中，操作者应自检。在粗加工阶段结束之后，在重要工序的前后，工件在车间转移时和全部加工结束之后，都应安排相应的检验工序。其他的辅助工序也应重视。

3)热处理工序的安排

机械零件加工过程的热处理分为预备热处理和最终热处理。

预备热处理包括退火、正火、时效和调质等。其目的是改善加工性能，消除内应该力和为最终热处理作好组织准备，常安排在粗加工后，精加工之前。

最终热处理包括淬火、回火、渗碳和氮化处理等。其目的是提高零件材料的硬度和耐磨性，常安排在精加工前后。

图3-1所示为一般热处理工序的安排位置。

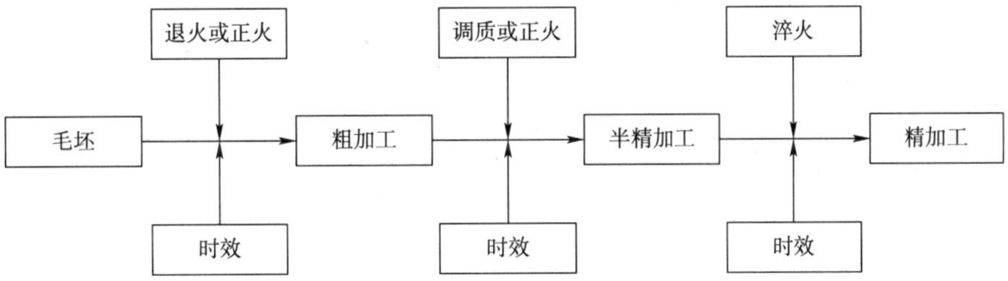

图3-1　热处理工序的安排

任务5　加工余量的确定

零件的加工是从毛坯开始的。加工余量指加工过程中从加工表面上所切去的金属层厚度。加工余量可分为工序(工步)加工余量和总加工余量。

1. 工序(工步)加工余量

工序(工步)加工余量指某一表面在一道工序(工步)中所切除的金属层厚度,它取决于同一表面相邻工序(工步)前后工序(工步)尺寸之差(图3-2)。

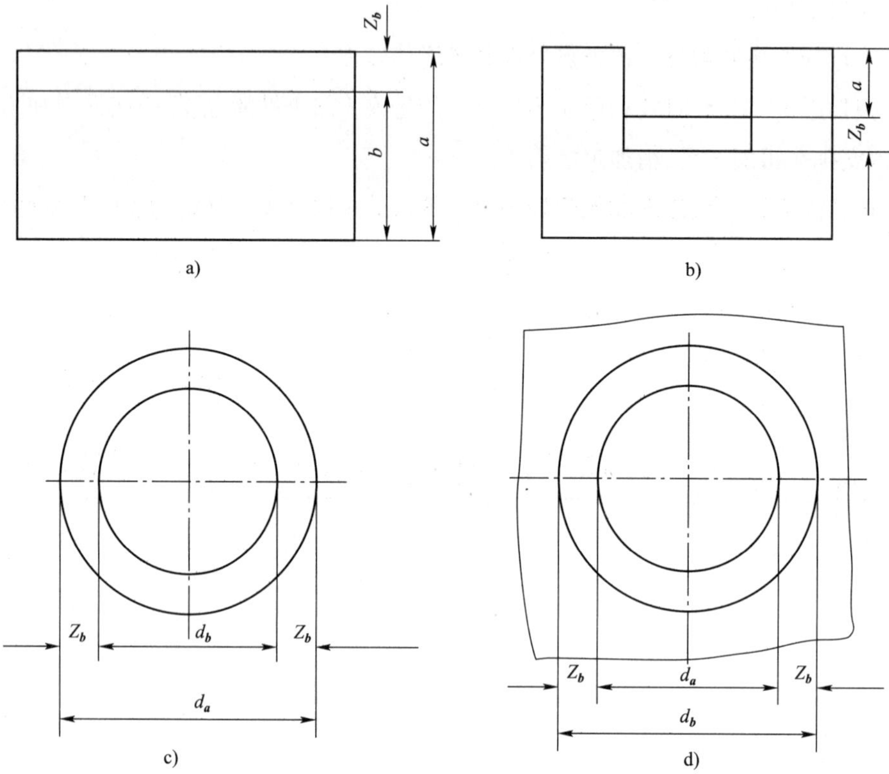

图3-2　加工余量图

对于外表面[图3-2a)]:

$$Z_b = a - b$$

对于内表面[图3-2b)]:

$$Z_b = b - a$$

式中:Z_b——本工序(工步)的工序加工余量;

a——前工序(工步)的工序尺寸;

b——本工序(工步)的工序尺寸。

上述表面的加工余量为非对称的单边加工余量,旋转表面(外圆和孔)的加工余量是对称加工余量。

对于轴[图3-2c)]:

$$2Z_b = d_a - d_b$$

对于孔[图 3-2d)]：

$$2Z_b = d_b - d_a$$

式中：$2Z_b$——直径上的加工余量；

d_a——前工序(工步)的加工表面的直径；

d_b——本工序(工步)的加工表面的直径。

2. 总加工余量

总加工余量指零件从毛坯变成为成品的整个加工过程中某一表面所切除金属层的总厚度，也即零件上同一表面毛坯尺寸与零件尺寸之差。总加工余量等于各工序加工余量之和，即：

$$Z_{\Sigma} = \sum_{i=1}^{n} Z_i$$

式中：Z_{Σ}——总加工余量；

Z_i——第 i 道工序的工序加工余量；

n——该表面总共加工的工序(或工步)数。

由于毛坯制造和各个工序尺寸都不可避免地存在着误差，因而无论总加工余量还是工序加工余量都是变动值，出现了最小加工余量和最大加工余量，它们和工序尺寸公差的关系如图 3-3 所示。

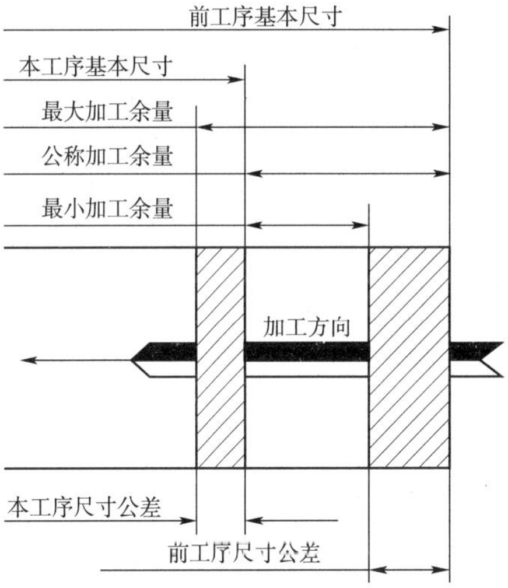

图 3-3　加工余量及其公差

由图 3-3 可以看出：公称加工余量是相邻两工序基本尺寸之差；最小加工余量是前工序最小工序尺寸和本工序最大工序尺寸之差；最大加工余量是前工序最大工序尺寸和本工序最小工序尺寸之差。工序加工余量的变动范围(最大加工余量与最小加工余量的差值)等于前工序与本工序两工序尺寸公差之和。

工序尺寸的公差带，一般规定在零件的"入体"方向，故对于被包容表面(轴)，基本尺寸即最大工序尺寸；而对于包容面(孔)，则是最小工序尺寸。毛坯尺寸的公差一般采用双向标注。

3. 确定加工余量的方法

1)经验估计法

此法是根据工艺人员的经验确定加工余量的方法。为了防止加工余量不够而产生废品，所估计加工余量一般偏大，此法常用于单件小批生产。

2)查表修正法

《机械加工工艺人员手册》列出了各种加工方法的加工余量，在查表时应注意表中数据是公称值，对称表面(如轴或孔)的加工余量是双边的，非对称表面的加工余量是单边的。

对于单件小批生产中加工的中小型零件，其单边机械加工余量参数数据见表 3-5 和表 3-6。

总加工余量(单位:mm) 表 3-5

毛坯类别	手工造型铸件	自由锻件	模锻件	圆钢料
总加工余量	3.5~7	2.5~7	1.5~3	1.5~2.5

工序余量(单位:mm) 表 3-6

加工方法	粗车	半精车	高速精车	低速精车	磨削	研磨
工序余量	1~1.5	0.8~1	0.4~0.5	0.1~0.15	0.15~0.25	0.003~0.025

3)分析计算法

此法是根据一定的试验资料和计算公式,对影响加工余量的各项因素进行分析和综合计算确定加工余量的方法。这种方法确定的加工余量最经济合理,但需要积累比较全面的资料,目前应用尚少。

任务6　工序尺寸及其公差的确定

工序尺寸是加工过程中各个工序应保证的加工尺寸,其公差即工序尺寸公差。在工序图上要标注工序尺寸及其公差。

工序尺寸及其公差的确定可分为两种情况:一种是基准重合、一种是基准不重合。

1. 基准重合时工序尺寸及其公差的确定

零件上外圆和内孔的加工多属这种情况。当某表面需经多次加工时,各工序的加工尺寸及公差取决于各工序的加工余量及所采用加工方法的经济加工精度。

工序尺寸及其公差确定的顺序由最后一道工序开始反向推算。

例如加工某工件上的孔,孔径为 $\phi60^{+0.03}_{0}$mm,表面粗糙度为 $Ra=0.8\mu m$,要确定该孔的加工工序及各工序尺寸和公差。

该孔的加工步骤为粗镗—半精镗—精磨,如图 3-4 所示。工序尺寸及公差的确定步骤如下。

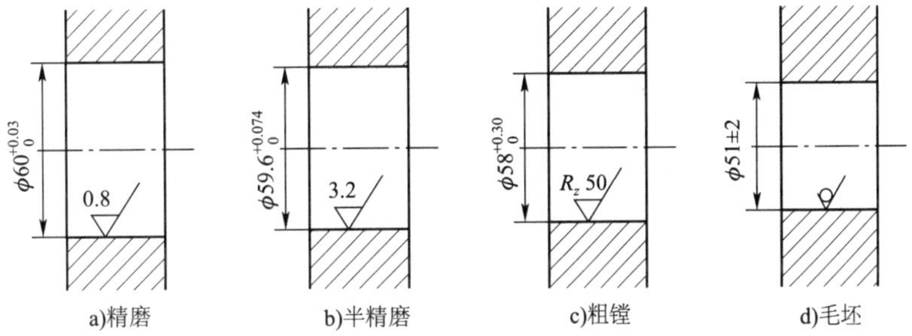

图 3-4　孔的加工

(1)确定各工序的加工余量:根据各工序的加工性质,查表得它们的加工余量,见表 3-7 的第 2 列。

(2)根据查得的余量计算各工序尺寸:其顺序是从最后一道往前推算,图样上规定的尺寸,就是最后的磨孔工序尺寸,计算结果见表 3-7 中的第 4 列。

(3)确定各工序的尺寸公差及表面粗糙度:最后磨孔工序的尺寸公差和粗糙度就是图样上所规定的孔径公差和粗糙度值。各中间工序公差及粗糙度是根据其对应工序的加工性质,查有关经济加工精度的资料得到,查得结果见表 3-7 的第 3 列。

工序尺寸及公差的计算(单位:mm)　　表 3-7

1	2	3	4	5
工序名称	工序余量	工序所能达到的精度等级	工序尺寸(最小工序尺寸)	工序尺寸及其上、下偏差
磨孔	0.4	H7($^{+0.030}_{0}$)	60	$60^{+0.030}_{0}$
半精镗孔	1.6	H9($^{+0.074}_{0}$)	59.6	$59.6^{+0.074}_{0}$
粗镗孔	7	H12($^{+0.30}_{0}$)	58	$58^{+0.30}_{0}$
毛坯孔		±2	51	51 ±2

(4)确定各工序的上、下偏差:查得各工序公差之后,按"入体原则"确定各工序尺寸的上、下偏差。对于孔,基本尺寸值为公差带的下限,上偏差取正值。对于轴,基本尺寸为公差带的上限,下偏差取负值。对于毛坯尺寸的偏差应取双向值(孔与轴相同)。

2. 基准不重合时工序尺寸及其公差的确定

当零件加工过程中多次转换工艺基准,引起测量基准、定位基准或工序基准与设计基准不重合时,需利用工艺尺寸链原理进行工序尺寸及其公差的确定。

1)工艺尺寸链的构成

图 3-5a)所示为一定位套,A_Σ 与 A_1 为图样上已标注的尺寸。零件加工时,尺寸 A_Σ 不便直接测量,欲通过易于测量的尺寸 A_2 进行测量,以间接保证尺寸 A_Σ 的要求。将尺寸 A_1、A_2 和 A_Σ 首尾相连接,构成了工艺尺寸链图。可以通过尺寸链计算得到尺寸 A_2 的数值。

又如图 3-5b)所示零件,当加工 C 表面时,为使夹具结构简单和工件定位时稳定可靠,选择表面 A 为定位基准,并按调整法根据对刀尺寸 A_2 加工表面 C,以间接保证尺寸 A_Σ 的精度要求。尺寸 A_1、A_2 和 A_Σ 首尾构成了尺寸链图。可以通过尺寸链计算得到对刀尺寸 A_2 的数值。

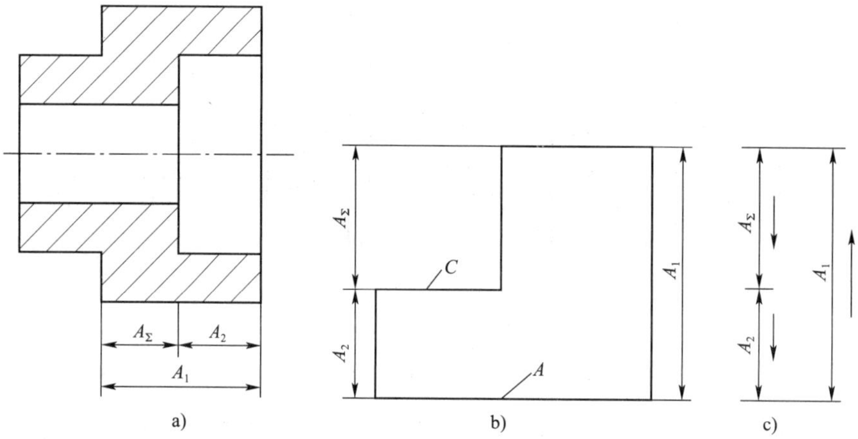

图 3-5 尺寸链图

A-定位面;C-加工面

工艺尺寸链的主要特征是各环连接的封闭性,即由一个封闭环和若干个组成环构成的工艺尺寸链中各环的排列呈封闭形式。

封闭环是指那些加工过程中间接获得的尺寸(如上例中的 A_Σ)。

组成环是指那些加工过程中直接获得的尺寸(如上例中的 A_1 和 A_2)。

在组成环中,那些自身增大会使封闭环也随之增大的组成环叫作增环,如上例中的 A_1,在以后的计算公式中以符号$\overrightarrow{A_i}$表示;反之,那些自身增大会使封闭环随之减小的组成环叫作减环,如图 3-5 中的 A_2,以符号$\overleftarrow{A_i}$表示。

为了迅速确定尺寸链中的组成环中哪些是增环,哪些是减环,可采用下述方法:在尺寸链简图上,先给封闭环任定一方向并画出箭头,然后沿此方向环绕尺寸链回路,依次给每一组成环画出箭头。凡箭头方向和封闭环相反的为增环,相同的为减环,如图 3-5c)所示。

2)工艺尺寸链计算的基本公式

工艺尺寸链的计算方法有两种:极大极小法和概率法。生产中一般多采用极大极小法,其基本计算公式如下。

(1)各种基本尺寸计算:

$$A_{\Sigma} = \sum_{i=1}^{m} \overrightarrow{A}_i - \sum_{i=m+1}^{n-1} \overleftarrow{A}_i \tag{3-1}$$

式中:n——包括封闭环在内的尺寸链总环数;

m——增环的数目;

$n-1$——组成环(包括增环与减环)的数目。

(2)各种极限尺寸的计算:

$$A_{\Sigma\max} = \sum_{i=1}^{m} \overrightarrow{A}_{i\max} - \sum_{i=m+1}^{n-1} \overleftarrow{A}_{i\min} \tag{3-2}$$

$$A_{\Sigma\min} = \sum_{i=1}^{m} \overrightarrow{A}_{i\min} - \sum_{i=m+1}^{n-1} \overleftarrow{A}_{i\max} \tag{3-3}$$

(3)各环上、下偏差计算公式:

$$\mathrm{ES}(A_{\Sigma}) = \sum_{i=1}^{m} \mathrm{ES}(\overrightarrow{A}_i) - \sum_{i=m+1}^{n-1} \mathrm{EI}(\overleftarrow{A}_i) \tag{3-4}$$

$$\mathrm{EI}(A_{\Sigma}) = \sum_{i=1}^{m} \mathrm{EI}(\overrightarrow{A}_i) - \sum_{i=m+1}^{n-1} \mathrm{ES}(\overleftarrow{A}_i) \tag{3-5}$$

(4)各环公差的计算:

$$T_{\Sigma} = \sum_{i=1}^{n-1} T_i \tag{3-6}$$

3)确定工序尺寸及其公差

工序尺寸及其公差的确定与工序加工余量的大小、工序尺寸的标注以及定位基准的选择和变换有着密切的联系。

(1)定位基准与设计基准不重合时工序加工尺寸及公差的确定。

如图3-6所示,工件在以前工序中已加工出平面 M、N,并已保证其厚度为 $60_{-0.1}^{\ 0}$ mm。现以平面 M 定位加工平面 P。要确定工序尺寸 x 以调整铣刀端面至夹具定位表面的位置,使零件加工后的设计尺寸为 $25_{\ 0}^{+0.25}$ mm 符合加工要求。

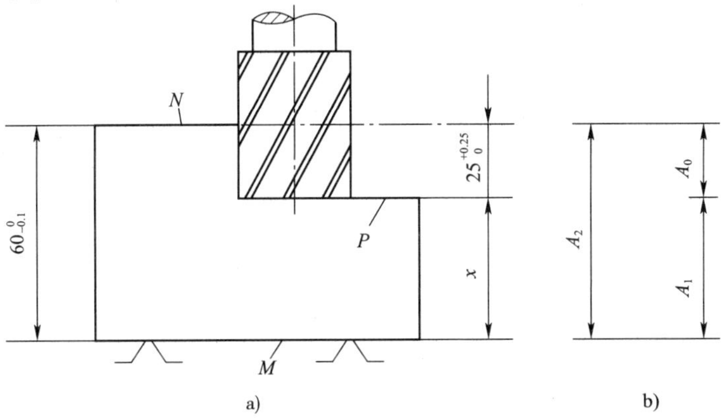

图3-6　定位基准与设计基准不重合

在尺寸链中，尺寸 $60_{-0.1}^{0}$mm 是本工序未加工前已经具有的，尺寸 x 是本工序加工时直接保证的，只有尺寸 $25_{0}^{+0.25}$mm 是依赖于前两个尺寸而间接形成的。所以 $A_0=25_{0}^{+0.25}$mm 为封闭环。尺寸 $A_2=60$mm 为组成环的增环，尺寸 $A_1=x$ 则是减环。

按式(3-1)计算基本尺寸为：

$$25=60-x$$

得 $A_1=x=35$mm。

按式(3-4)计算下偏差为：

$$+0.25=0-\mathrm{EI}(A_1)$$

得 $\mathrm{EI}(A_1)=-0.25$mm。

按式(3-5)计算上偏差为：

$$0=-0.1-\mathrm{ES}(A_1)$$

得 $\mathrm{ES}(A_1)=-0.1$mm。

所以本例欲求的工序尺寸及公差应为 $x=A_1=35_{-0.25}^{-0.1}$mm。

将其按入体原则标注，则为：$x=A_1=34.9_{-0.15}^{0}$mm。

(2)测量基准与工序基准不重合时工序加工尺寸及公差的确定。

如图 3-7 所示零件在车床上加工内孔，当零件如图 3-7a)所示标注时，加工中需要测量大孔孔底台肩 C 面尺寸。

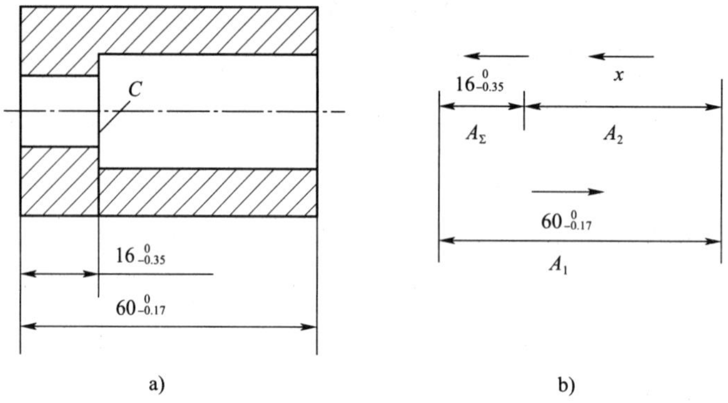

图 3-7　测量基准与工序基准不重合

由图 3-7 分析可知：

封闭环　$A_\Sigma=16_{-0.35}^{0}$mm

增环　$A_1=60_{-0.17}^{0}$mm

减环　$A_2=x$

按式(3-1)计算基本尺寸：

$$16=60-x$$

得 $x=44$mm

按式(3-4)计算下偏差为：

$$0=0-\mathrm{EI}(A_1)$$

得 $\mathrm{EI}(A_1)=0$。

按式(3-5)计算上偏差为：

$$-0.35=-0.17-\mathrm{ES}(A_1)$$

得 $\mathrm{ES}(A_1)=+0.18\mathrm{mm}$。

$$x=44^{+0.18}_{0}\mathrm{mm}$$

(3)从尚需继续加工表面标注工序尺寸的确定。

如图 3-8 所示，在 $\phi25^{0}_{-0.014}$ 上有一键槽，铣键槽放在精车之后，磨削之前。图纸上标注键槽的尺寸是磨削之后的尺寸。需要用工艺尺寸链求出铣键槽的工序尺寸。

①加工过程分析：

精车外圆 $A_1=\phi25.3^{0}_{-0.084}$

铣键槽深度 L_1

磨外圆 $A_2=\phi25^{0}_{-0.014}$，$L_\Sigma=21.2^{0}_{-0.14}$

②画尺寸链图

$A_1/2=12.65^{0}_{-0.042}$，$A_2/2=12.5^{0}_{-0.07}$

$A_1/2$ 与 $A_2/2$ 的公共基准为轴线，L_1 与 L_2 的公共基准为键槽底面，$A_1/2$ 与 L_1 的公共基准为精车后的外圆下母线，$A_2/2$ 与 L_Σ 的公共基准为磨外圆后的外圆下母线，画尺寸链图如图 3-9 所示。

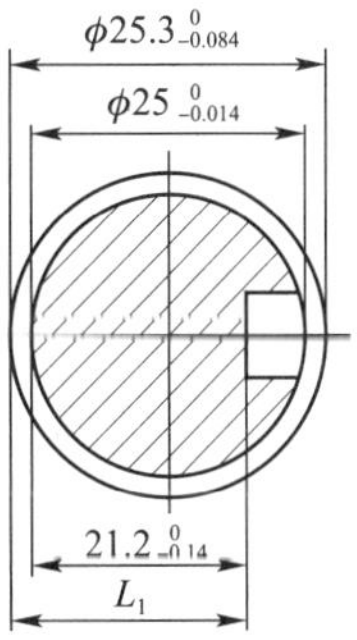

图 3-8　用工艺尺寸链求铣键槽的工序尺寸

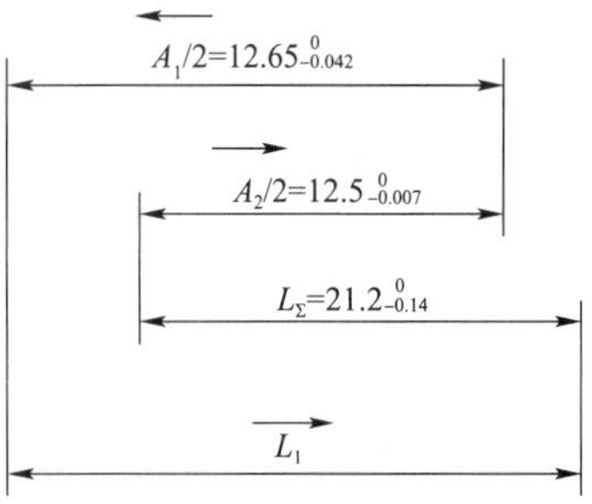

图 3-9　铣键槽工艺尺寸链图

由于 L 是在磨外圆后间接形成的，所以 L_Σ 为封闭环 A_Σ，$A_2/2$ 与 L_1 为增环，$A_1/2$ 为减环。

按式(3-1)计算基本尺寸 L_1：

$$21.2=12.5+L_1-12.65$$

得 $L_1=21.35\mathrm{mm}$。

按式(3-4)计算 L_1 下偏差为：

$$0=0+\mathrm{ES}(L_1)-(-0.042)$$

得 $ES(L_1) = -0.042$mm。

按式(3-5)计算 L_1 上偏差为：

$$-0.14 = -0.007 + EI(L_1) - 0$$

得 $EI(L_1) = -0.133$mm。

因此铣键槽的工序尺寸为：$L_1 = 21.35^{-0.042}_{-0.133}$mm。

任务7　传动轴零件加工工艺过程的制订

加工如图3-10所示的传动轴零件，生产类型为小批量生产。

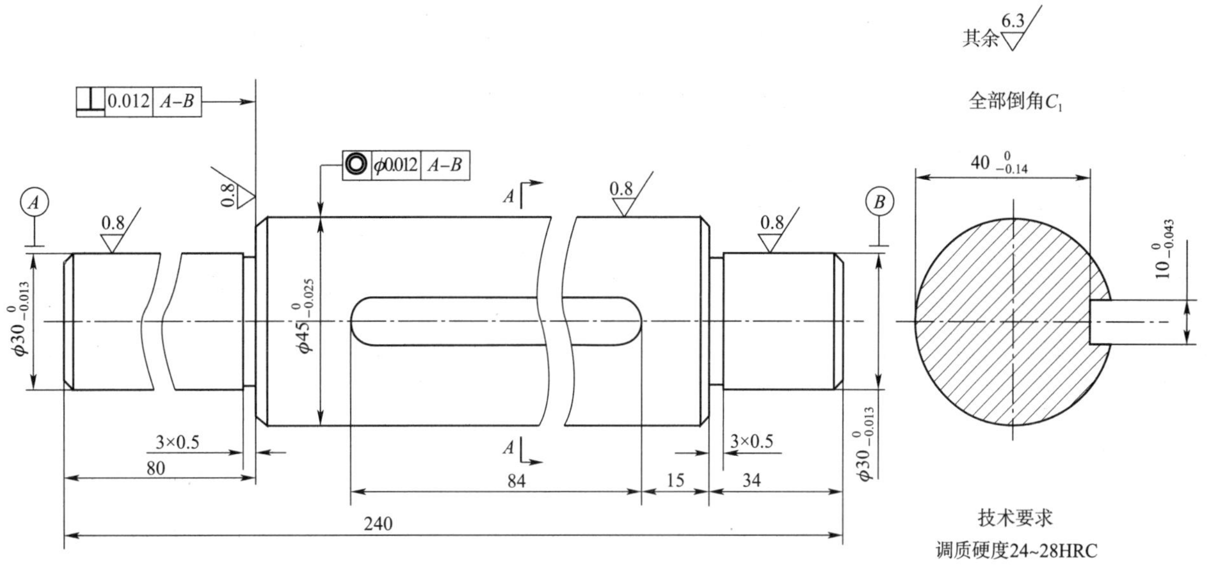

图3-10　传动轴零件简图

1. 图样分析

(1)尺寸精度：主要包括直径和长度尺寸等，图3-10中给定公差数值较小。

(2)位置精度：图中包括同轴度、垂直度等。

(3)表面粗糙度：在卧式车床上车削金属材料时，一般表面粗糙度可达$Ra=1.6\mu m$。图3-10中的$Ra=0.8\mu m$，需要磨削加工。

2. 工艺分析

(1)选择毛坯类型：轴类工件的毛坯一般选用圆钢或锻件。图3-10中的轴由于各台阶之间的直径相差不大，选择毛坯为$\phi50\times246$的棒料(45钢)。毛坯简图如图3-11所示。

(2)热处理安排：为了减少工序，毛坯可直接调质处理。

(3)加工工艺分析：

①由于工件精度要求较高，所以加工阶段应划分为粗车—半精车—磨削加工等阶段。

②各主要轴颈必须经过磨削，而对车削要求不高，所以可以采用一夹一顶的装夹方法。

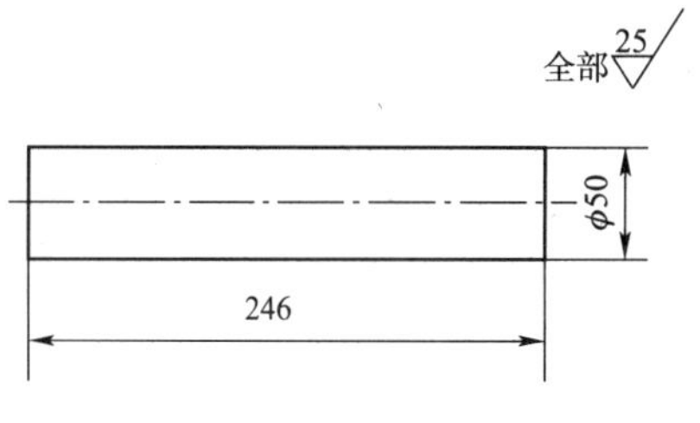

图3-11　毛坯简图

③对于需要进行磨削的表面，车削时要留磨削余量。

3. 制订机械加工工艺过程(表3-8)

传动轴零件机械加工工艺过程 表3-8

序号	工种	工序内容	加工简图	设备
1	车	车两个端面、钻中心孔、粗车各级外圆	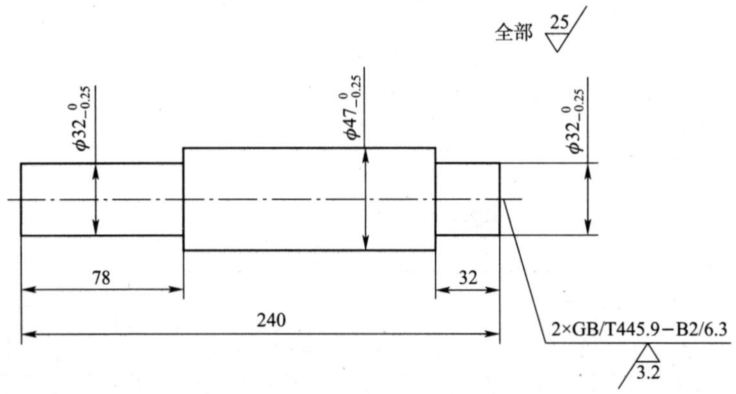	车床
2	热	调质处理	硬度24~28HRC	
3	车	半精车各级外圆、车退刀槽、倒角	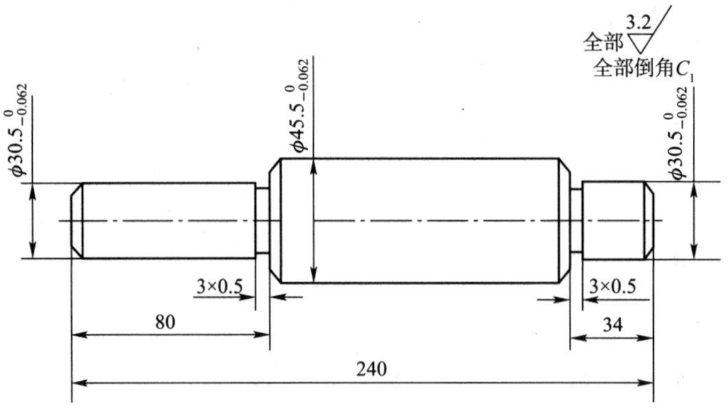	车床
4	铣	铣键槽	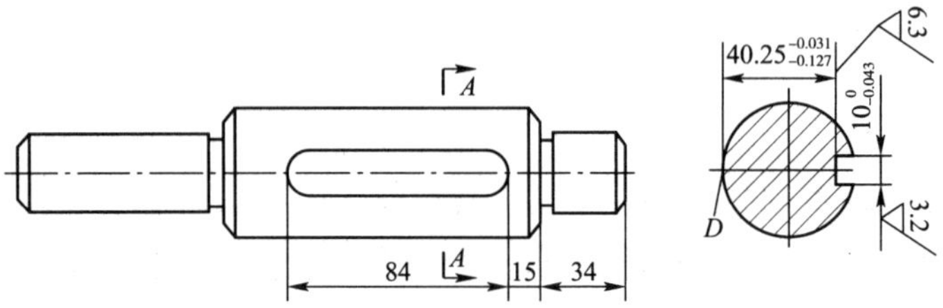	铣床
5	钳	修研中心孔	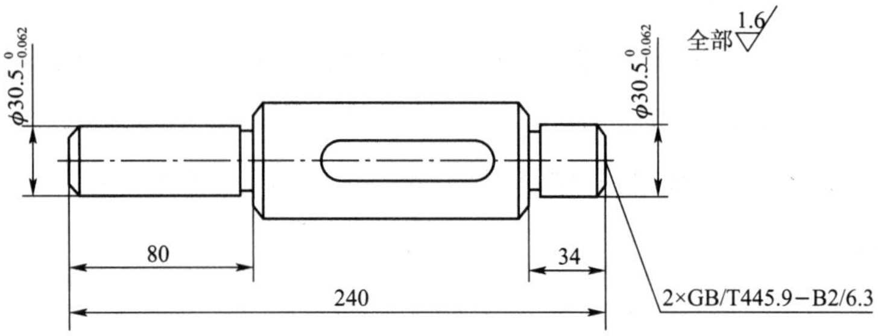	

续上表

序　号	工　种	工序内容	加　工　简　图	设　备
6	磨	磨外圆	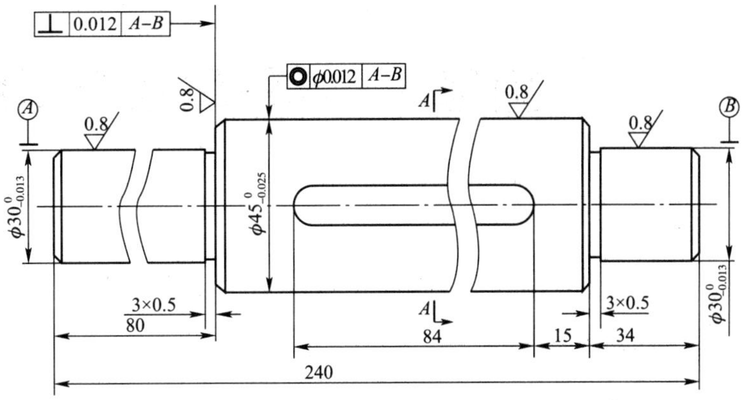	磨床
7	检验			

思考与练习

1. 粗加工、半精加工、精加工三类工序的特点是什么？为什么要将粗、精加工分开进行？

2. 在大批量生产中，采用工序分散还是工序集中原则组织工艺过程？在单件小批生产中，采用工序分散还是工序集中原则组织工艺过程？

3. 机械加工工序安排应遵循哪些原则？在安排机械加工工序时，为什么要先基准后其他？

4. 预备热处理、最终热处理包括什么内容？它们一般安排在工艺过程的什么位置？

5. 加工如图 3-10 所示的传动轴零件，生产类型为小批量生产，其他技术要求不变，如果材料由 45 钢改为青铜时，试讨论它的加工方案。

6. 车削某工件的外圆表面，轴径为 $\phi30_{-0.021}^{\ 0}$ mm，表面粗糙度 $Ra=0.8\mu m$，试确定该轴的加工工序及各工序尺寸和公差。

项目4 汽车车身的制造

项目目标

1. 了解汽车车身典型零件常用的冲压工艺；
2. 了解汽车车身零件的焊装工艺过程；
3. 了解汽车车身涂装工艺过程；
4. 掌握汽车车身制造工艺的流程。

车身是汽车的基体，同时也决定着汽车外观形象，对汽车性能也存在着重要的影响，是汽车制造过程中一个非常重要的环节。汽车车身主要由汽车整车生产企业负责生产制造，通过冲压、焊接、涂装三大工艺流程而成，其制造流程图如图4-1所示。

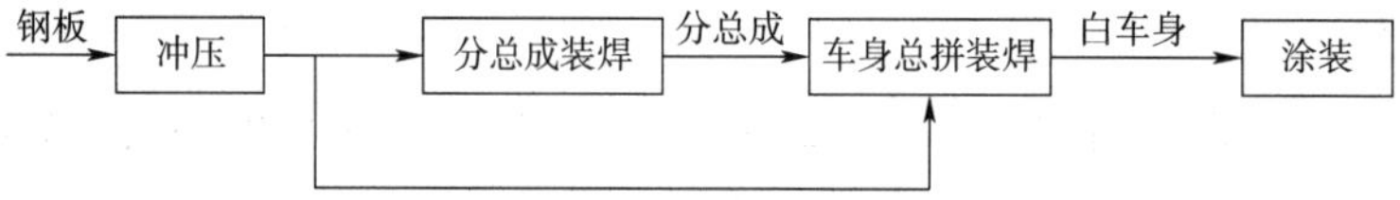

图4-1 轿车车身制作工艺流程

任务1　汽车车身的冲压

1. 汽车车身结构特点

汽车车身按承载形式分为非承载式车身和承载式车身两种。

1）非承载式车身

如图4-2所示，非承载式车身的特点是具有刚性车架，又称底盘大梁架。车身通过弹性元件连接于车架上。其优点是强度大，承载能力强。这样的车身结构形式，主要应用在货车、客车和越野车上。

2）承载式车身

如图4-3所示，承载式车身没有刚性车架，加强了车头、侧围、车尾、底板等部位板件强度，车壳和底板共同组成了车身本体的刚性空间结构。这种形式的车身具有较大的抗弯曲和抗扭转刚度，质量小，高度低，汽车质心低，装配简单容易，高速行驶稳定性较好。因此，大部分的轿车采用这种车身结构。

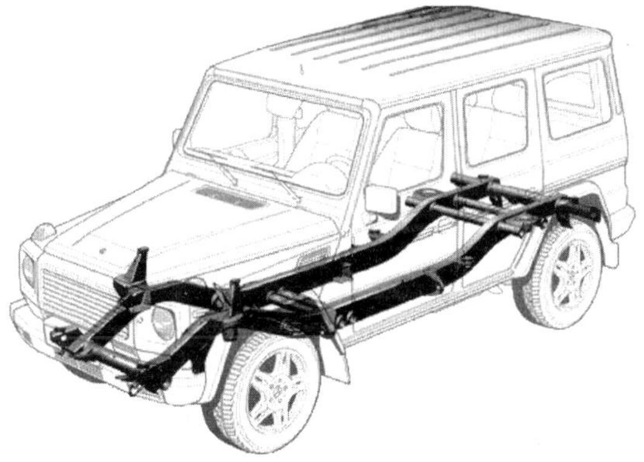

图4-2　非承载式车身

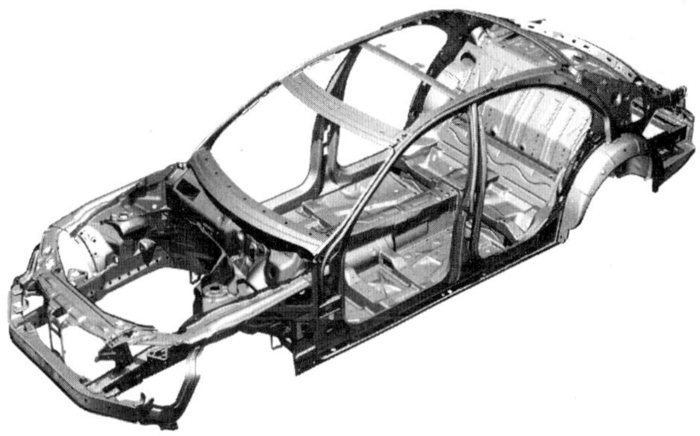

图4-3　承载式车身

现代轿车采用的承载式车身是由薄钢板冲压零件和装焊的车身结构件以及车身覆盖件等组成的车身壳体。这种结构的车身表面形状完全由覆盖件形成，如图4-4所示，它以车身钢板制件冲压成某种形状或是几个车身零件焊合后形成具有某种截面形式的“梁”，以增加其刚性或承受较大载荷。

2. 车身冲压工艺

从车身的制造流程图可以看到，贯穿整个流程的三大部分就是冲压、装焊和涂装，而冲压正是制造车身的第一道工艺，它为整个车身顺利制造奠定了基础。图4-5为冲压车间生产的车身侧围外板。

据统计，汽车上有60%～70%的零件通过冲压工艺生产。如车身的内、外覆盖件和骨架件，车架的纵梁、横梁和保险杠，车厢的侧板和底板等，如图4-6所示为冲压车间零件库存。因此，冲压技术对汽车的产品质量、生产效率和生产成本有着重要的影响。

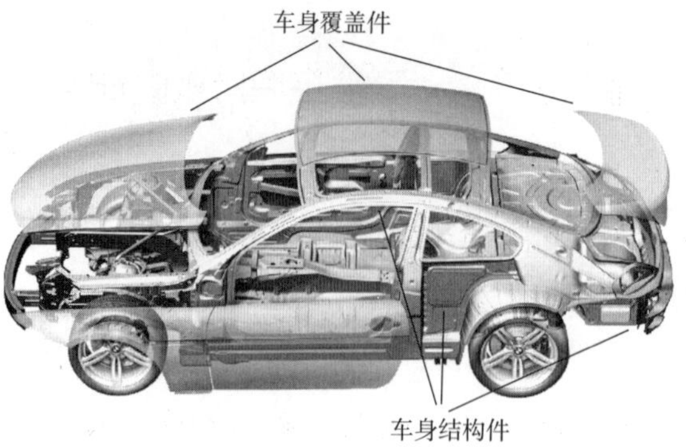

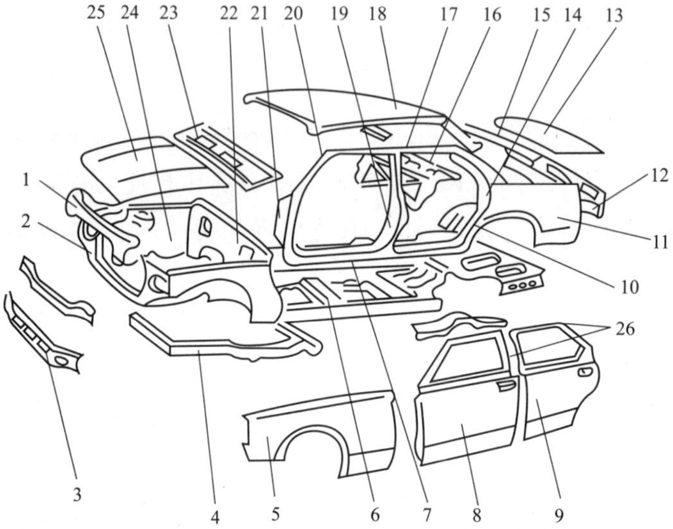

图 4-4　轿车车身结构

1-发动机罩前支撑板;2-水箱固定框架;3-前裙板;4-前框架;5-前翼子板;6-地板总;7-门槛;8-前门;9-后门;10-车轮挡泥板;11-后翼子板;12-后围板;13-行李舱盖;14-后立柱;15-后围上盖板;16-后窗台板;17-上边梁;18-顶盖;19-中立柱;20-前立柱;21-前围侧板;22-前围板;23-前围上盖板;24-前挡泥板;25-发动机罩;26-门窗框

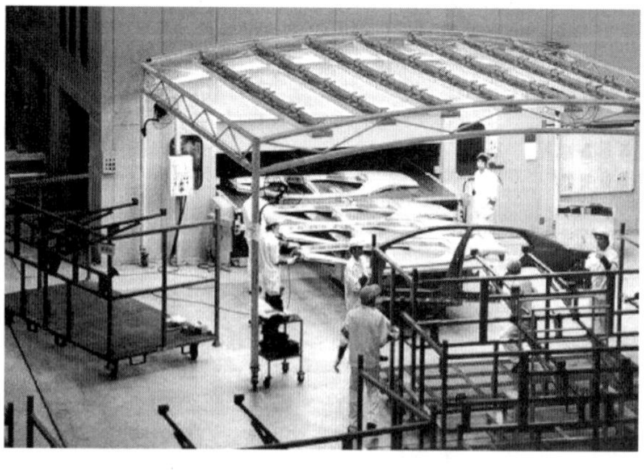

图 4-5　冲压车间生产现场

图 4-6　冲压车间零件库存

冲压成型工艺是一种先进的金属加工工艺方法,它是建立在金属塑性变形的基础上,在常温条件下利用模具和冲压设备对板料施加压力,使板料产生塑性变形或分离,从而获得具有一定形状、尺寸和性能的零件。

冲压与其他金属加工方法相比，具有下述优点：

生产效率高，操作简便，便于实现机械化与自动化。故其适用于较大批量生产，对操作者操作技能的要求相对较低。

(1)冲压加工零件的尺寸精度是由模具保证的，一般不需要再进行机械切削加工，所以质量稳定，具有较高的尺寸精度。

(2)冲压工艺能制造出其他金属加工方法所不能或难加工的形状复杂的零件。

(3)冲压加工一般不需加热毛坯，也不像切削加工那样需要切除大量金属，所以它不但节能，而且材料利用率高。冲压加工能获得强度高、刚度大且质量轻的零件，适合进行汽车车身零件的加工。

(4)冲压所用原材料多为轧制板料或带料，在冲压过程中材料表面一般不会被破坏，所以表面质量较好，为后续表面处理工序(如电镀、喷漆)提供了方便条件。

(5)冲压件有较好的互换性。冲压加工稳定性较好，同一批冲压件，可相互交换使用，不影响装配和产品性能。

总之，冲压生产是一种优质、高产、低消耗和低成本的加工方法。所以，汽车上的许多结构件广泛采用冲压件。尤其需要指出的是，冲压成型工艺在汽车车身制造工艺中占有重要的地位，特别是汽车车身的大型覆盖件，因大多形状复杂，结构尺寸大，有的还是空间曲面，并且表面质量要求高，所以用冲压加工方法来制作这些零件是用其他加工方法所不能比拟的。各种车身覆盖件，如发动机罩外板、车顶盖、翼子板、车门、左/右侧围外板等几乎全都是用冲压加工方法制作的。

3. 汽车制造业冲压生产特点

1)产品(冲压件)

总的说来，汽车上的冲压件，具有尺寸大、形状复杂、配合精度及互换性要求高和外观质量要求高等特点。对于不同的零件，还有不同的工艺特点，所用的设备、模具、材料都不同。例如：汽车覆盖件，多是三维非规则曲面，它不仅外观质量要求高，而且要求配合精度高、形状和尺寸的一致性好，以保证其焊接和装配的质量。因此，生产汽车覆盖件所用的设备、模具和原材料，都和一般冲压件生产所用的设备、模具和原材料有所不同。

2)冲压设备

汽车工业用的冲压设备，具有吨位大、台面尺寸大、性能要求高、生产效率高等特点，压力机吨位为160～40 000kN。为了适应流水生产的要求，减少换模时间，广泛采用活动台面的压力机。为了满足大量生产的要求，还采用多工位压力机，在现代汽车制造业中，机械化、自动化的冲压生产线已被广泛采用。如图4-7所示为冲压车间全部采用数控技术的2 400t大型冲压机。

3)冲压材料

冲压材料包括黑色金属、有色金属和非金属材料，厚度为0.05～16mm，具备强度高、工艺性能好等特点。例如：覆盖件和壳体件用的材料，对拉深性能要求特别高。纵梁和横梁用的材料，对弯曲性能和强度要求很高。

4)模具

由于汽车零件的尺寸大、形状复杂、生产批量大,因此,汽车工业的模具也具有尺寸大、形状和结构复杂等特点。例如:汽车覆盖件冲模,模具的形状复杂,需有主模型(或数据软件)作依据、在仿形铣床(或数控铣床)上加工,检测需用三坐标测量机,模具的研配需用专门的研配压床等。这些都是和一般模具制造不同。如图4-8所示为汽车厂冲压车间冲压模具设备。

图4-7　冲压车间2 400t大型压力机

图4-8　车身冲压模具

5)生产和管理

汽车生产的规模,多数是大批量生产尤其是轿车生产。冲压生产多采用机械化流水作业的生产方式,也有部分采用自动或半自动化生产的。

汽车生产采用专业化大协作配套生产,许多零部件都是由配套厂生产的。为了确保主机(汽车)厂的产品质量和生产的顺利进行,主机厂对零部件(配套)厂家的选择和管理是非常严格和复杂的。比如,在质量的保证方面,主机厂要求零部件配套厂家,除了要按ISO 9000标准的要求做好外,还要求执行汽车行业的QS 9000标准。

4. 冲压生产的基本工序

1)冲压基本工序总体分析

由于冲压加工零件的形状尺寸、精度要求、批量大小、原材料性能等的不同,其冲压方法多种多样,但冲压工序按加工性质的不同,可以分为两大类型,即分离工序和成型工序。分离工序是使冲压件或毛坯在冲压过程中沿一定的轮廓相互分离,同时冲压零件的分离断面要满足一定的断面质量要求;成型工序是板料在不产生破坏的前提下使毛坯发生塑性变形,获得所需求的形状及尺寸的零件。

车身制造中常用的分离工序见表4-1,常用的成型工序见表4-2。

车身制造工艺中常用的分离工序　　表4-1

工　序	图　例	工 序 性 质
落料	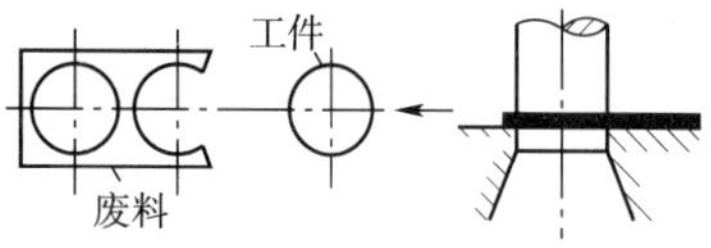	用落料模沿封闭轮廓曲线冲切,冲下部分是零件

续上表

工　序	图　　例	工　序　性　质
冲孔	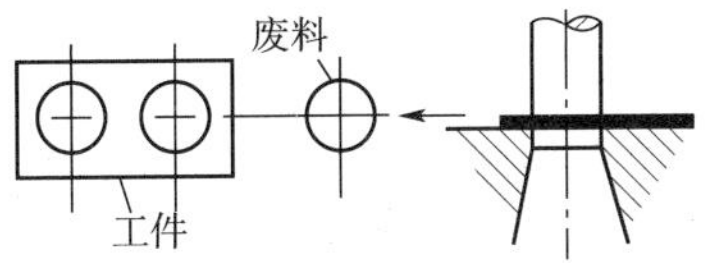	用冲孔模沿封闭轮廓曲线冲切，冲下部分是废料
剪切	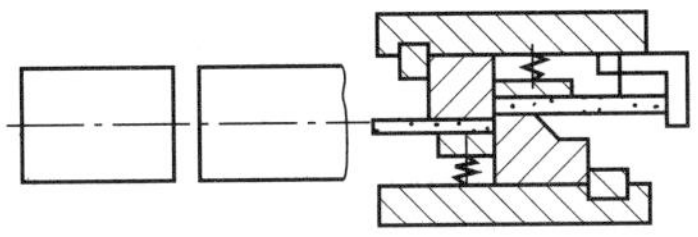	用剪刀或模具切断板材，切断线不封闭
切口	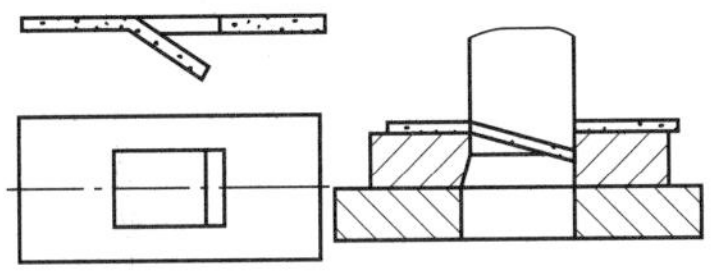	在坯料上将板材部分切开，切口部分发生弯曲
切边	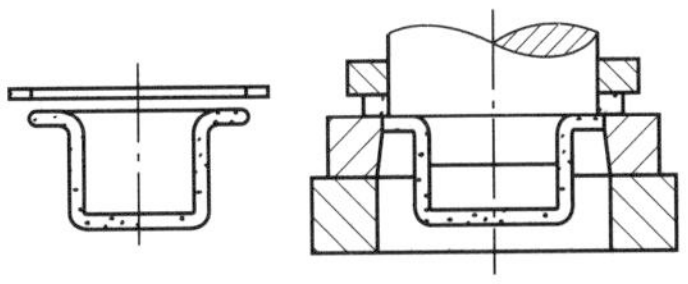	将拉深或成型后的半成品边缘部分的多余材料切掉
剖切	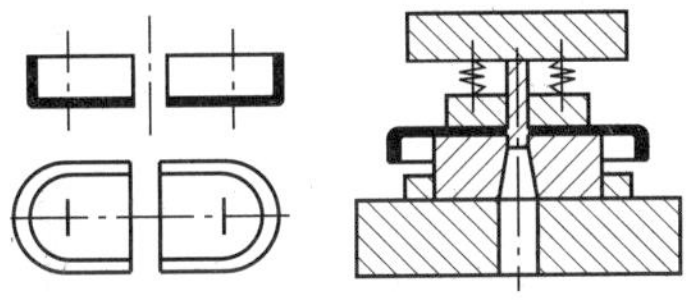	将半成品切开成两个或几个工件，常用于成双冲压

车身制造工艺中常用的成型工序　　表 4-2

工　序	图　　例	工　序　性　质
弯曲	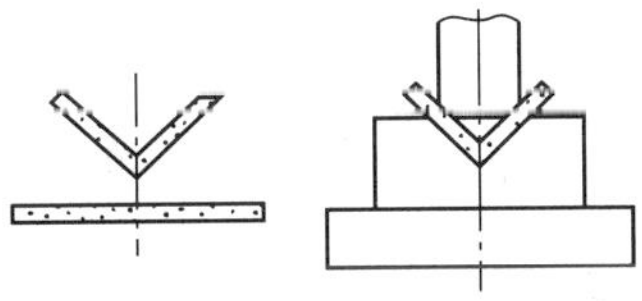	把板料沿直线弯成各种形状
拉深	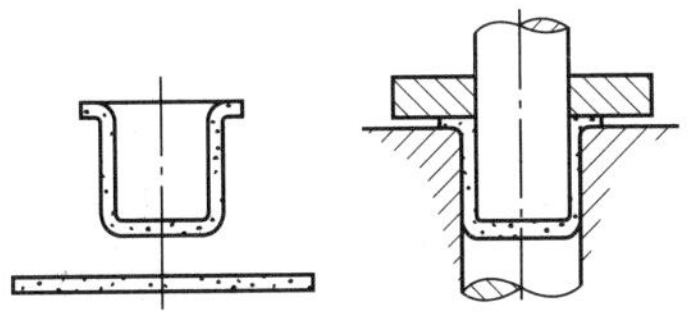	将板料压制成开口空心零件
内孔翻边	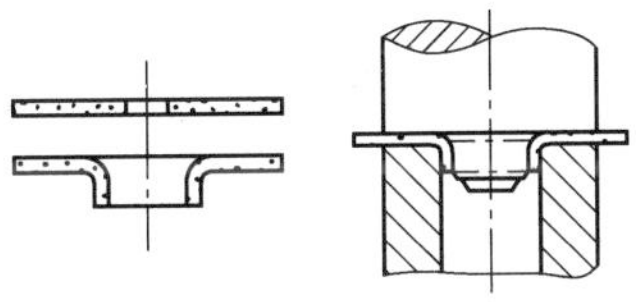	将板料上孔的边缘翻成竖立边缘

续上表

工　序	图　　例	工　序　性　质
外缘翻边	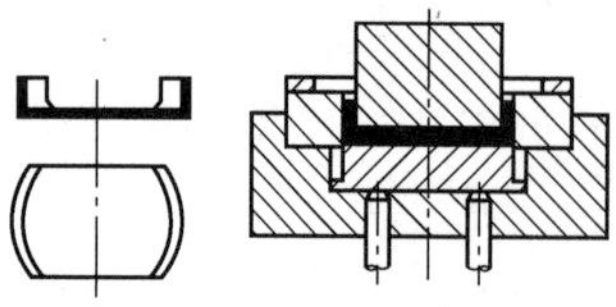	将工件的外缘翻成圆弧或曲线状的竖立边缘
胀形	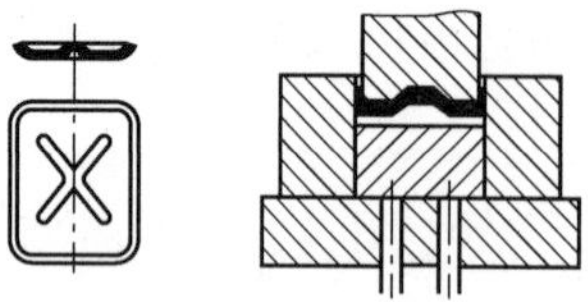	在板料或工件上压出筋条、花纹或文字
整形	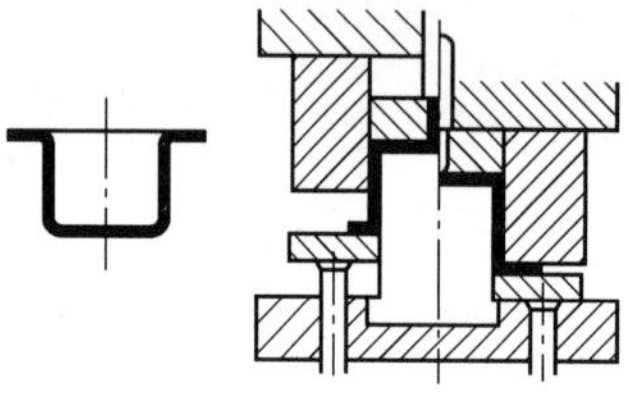	把形状不准确的工件校正成型

这些冲压工序中最常用的、典型的四个基本工序为：冲裁（包括冲孔、落料、修边、剖切等）、弯曲、拉深、局部成型（包括翻边、胀形、校平和整形工序等），如图 4-9 所示。

复杂冲压件的成型，其板料变形区往往是几种基本成型工序的复杂组合。图 4-10 所示的框板，外缘相当于拉深，内缘相当于翻边，而腹板上兼有翻孔和胀形性质。因此在分析一个具体的冲压件时，一方面必须将不同的变形性质部分加以明确区分，利用翻边、弯曲、拉深和胀形等基本工序，作为分析零件变形特点的主要依据；另一方面，还必须注意它们之的相互联系，不能将不同变形性质的部分作为一个个单纯的基本成型工序孤立地看待。表 4-3 列出了几种汽车覆盖件在大批量生产时采用的冲压工艺过程。

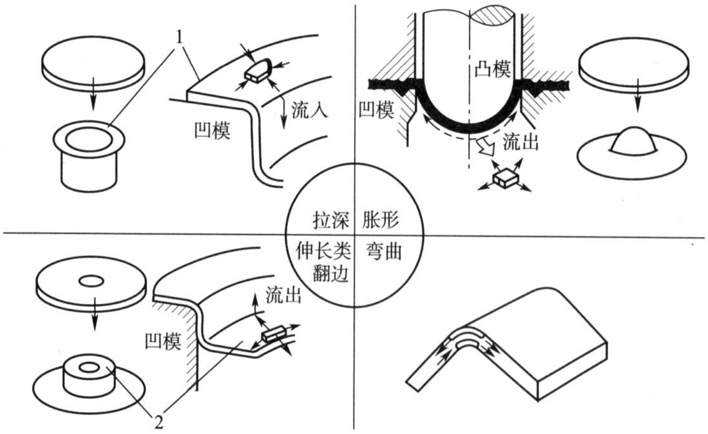

图 4-9　典型的冲压成型工序

1-拉伸件；2-翻边件

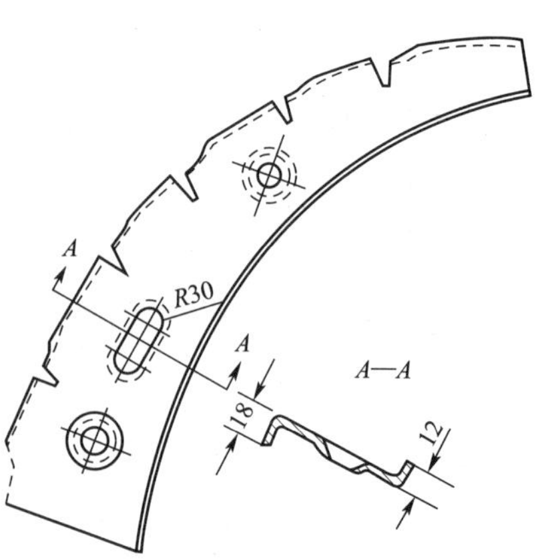

图 4-10　框板

几种汽车覆盖件的冲压工艺过程　　表4-3

制作名称	制 作 简 图	冲压工艺过程
前围外盖板	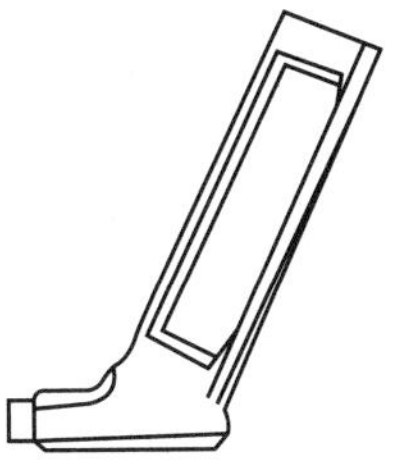	(1)拉深; (2)修边冲孔; (3)翻边; (4)冲窗口压圆角; (5)修边冲孔; (6)翻边翻口
门里板	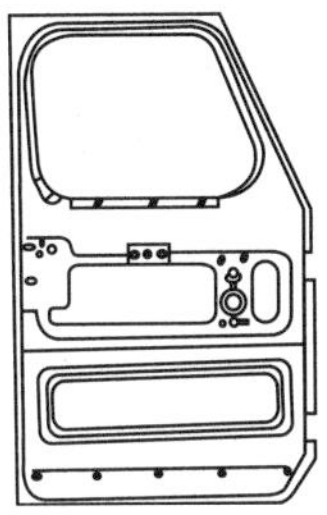	(1)拉深; (2)整形并压圆角; (3)修边冲孔; (4)翻边冲孔压圆角; (5)翻边; (6)冲孔; (7)校平
地板	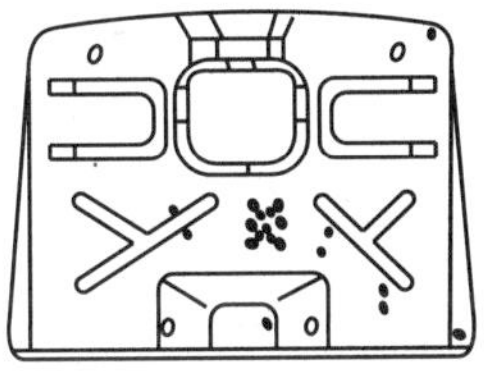	(1)拉深; (2)修边冲孔; (3)翻边压筋

2)典型冲压工艺

(1)冲裁工艺。冲裁是利用冲裁模在压力机上使板料的一部分与另一部分分离的冲压分离工序。从广义上说,冲裁是冲压分离工序的总称,它包括冲孔、落料、修边、切口等多种冲压分离工序,既可以直接冲制出成品零件(如垫圈),也可以为其他成型工序(如弯曲、拉深等)准备坯料或对已成型的零件(如拉深件、弯曲件等)进行修边、切口和冲孔等工作。从狭义上说,冲裁主要是指落料和冲孔工序。从板料上冲下所需形状的零件或毛坯称作落料,如图4-11a)所示,在工件上冲出所需形状的孔(冲去的为废料)称作冲孔,如图4-11b)所示。

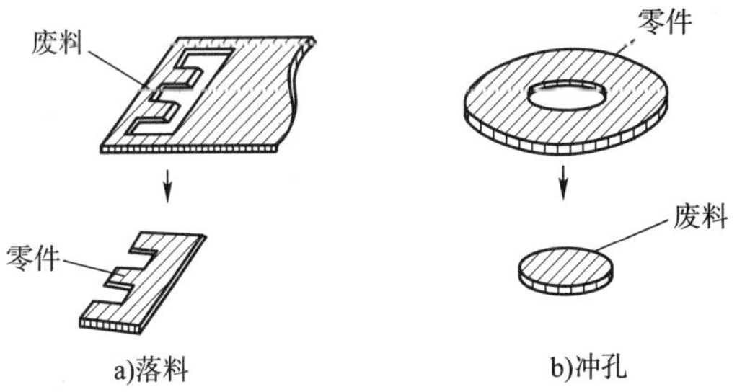

图4-11　落料与冲孔

在冲裁工序中,若按材料的分离形式不同,冲裁一般可分为普通冲裁和精密冲裁两大类:以裂纹破坏形式实现分离的为普通冲裁;以塑性变形形式实现分离的为精密冲裁。在汽车车身冲压成型中,一般均为普通冲裁。

冲裁是冲压分离工序,板料受力是从弹性变形开始,以断裂结束。在冲裁过程中,冲裁凸凹模组成上下刃口,板料放在凹模上,在压力机(或冲床)压力作用下凸模逐步下降使板料发生变形,直至全部分离,完成冲裁。冲裁变形过程见表4-4。

冲裁变形过程　　表 4-4

序　号	变形阶段	简　　图	板料变形状态
1	弹性变形阶段	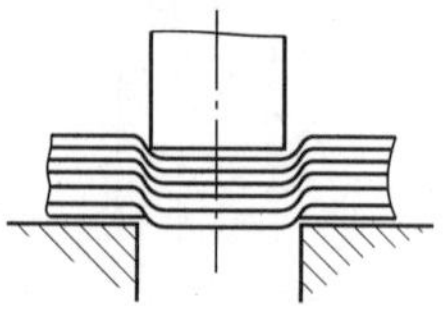	凸模拉触板料，加压后板斜发生弹性压缩与弯曲，并略微挤入凹模洞口。板料内应力没有超过屈服极限
2	塑性变形阶段	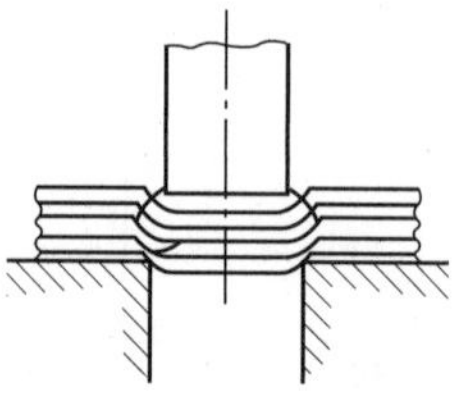	凸模继续加压后，板料内应力达到屈服极限，部分金属被挤入凹模洞口产生塑剪变形，得到光亮的剪切断面。压力继续增加，在凸、凹模刃口处板料产生应力集中，超过抗剪强度而微裂
3	断裂阶段	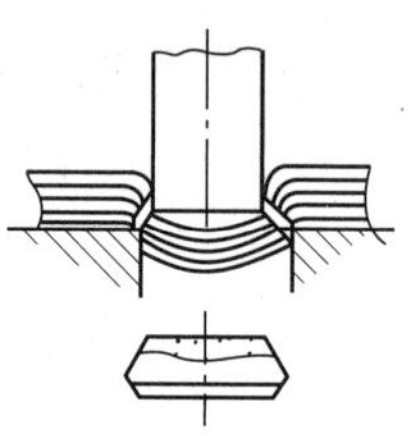	凸模继续下压，凸、凹模刃口处的微裂不断向板料内部扩展，板料随即被拉断分离。若凸、凹模间隙合理，则上下裂纹相互重合，得到断面质量较高的制品

(2)弯曲工艺。将板料毛坯、棒料、管材和型材弯成具有一定曲率、一定角度和形状的冲压成型工序称之为弯曲。弯曲工艺在汽车车身制造中应用很广(图 4-12)，如组成客车车身骨架的各种形状的梁就是用型材弯曲成型的。

在实际冲压生产中，弯曲成型因采用不同的工具而形成不同的弯曲方法(图 4-13)，如在普通压力机上使用弯曲模的压弯；折弯机上进行的折弯；滚弯机上进行的滚弯以及在拉弯设备上进行的拉弯。各种弯曲方法虽然不同，但其变形过程和变形特点有一些共同规律。

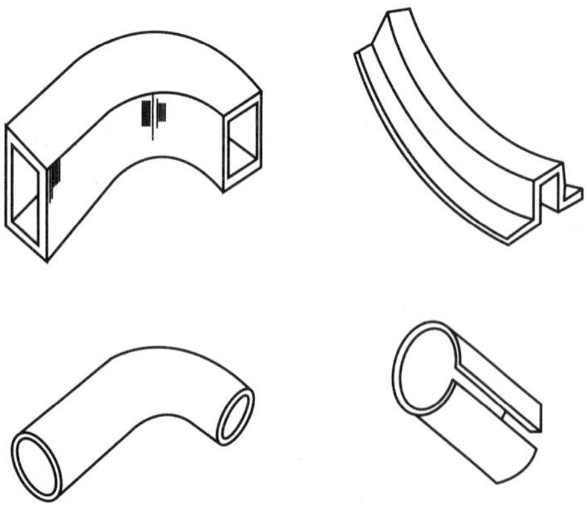

图 4-12　典型的弯曲件

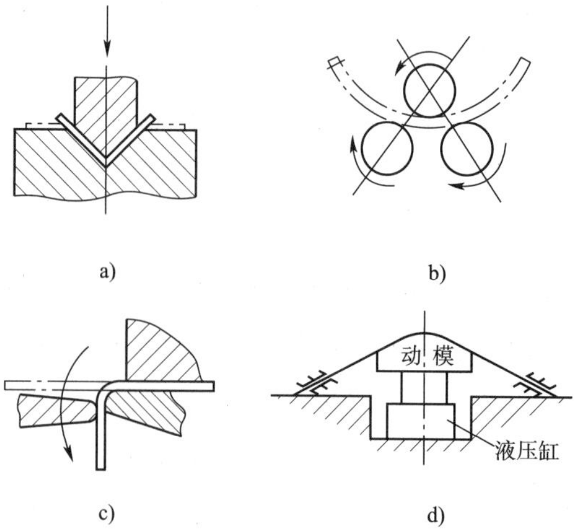

图 4-13　弯曲件的加工形式

板料在 V 形模内的校正弯曲是一种最基本的弯曲变形，其弯曲变形工艺过程见表 4-5。

弯曲工艺过程　　表4-5

弯曲过程	简　图	弯曲时板料状况
第一阶段（初始）	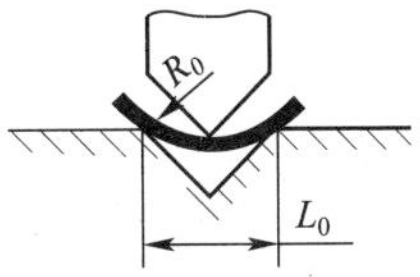	弯曲初始阶段，材料自由弯曲
第二阶段	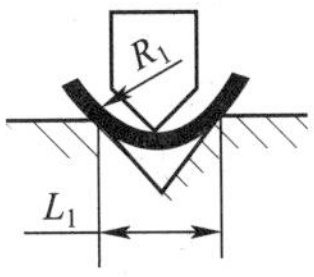	凸模下压，坯料与凹模工作表面靠近，弯曲半径由 $R_0 \to R_1$，弯曲力臂由 $L_0 \to L_1$
第三阶段	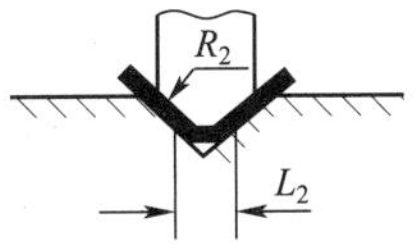	坯料弯曲区逐渐减小，直到凸模三点接触 $R_1 \to R_2$，直边部分则向相反方向弯曲
第四阶段（行程终了）	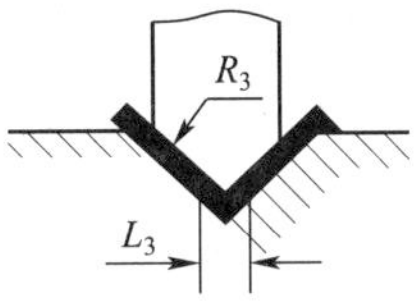	凸模行程终了时，凸、凹模对坯料进行校正，使其圆角、直边与凸模完全靠紧

（3）拉深工艺。拉深是利用拉深模将已冲裁好的平面毛坯压制成各种形状的开口空心零件，或将已压制的开口空心毛坯进一步制成其他形状和尺寸的开口空心零件的冲压成型工序，拉深又称拉延或压延。拉深时所用的模具与冲裁模不同，其凸模与凹模没有锋利的刀口，而具有较大的圆角半径，并且凸、凹模之间的间隙一般稍大于板厚。拉深工艺的主要特征在于拉深时金属有较大的流动，要求凸、凹模采用较大的圆角及较大的间隙就是为了金属的流动。

用拉深工艺可以压制成圆筒形、阶梯形、球形、锥形以及其他不规则形状的开口空心零件，如图4-14所示。如果与其他成型工艺配合，还可制成形状极其复杂的零件。拉深件的尺寸范围很大，小至几毫米，大至几米；拉深件的精度也较高，可达到IT10级精度。因此，拉深成型方法在汽车、飞机、军工产品、电子仪表以及日用品等工业部门的冲压生产中，应用十分广泛。

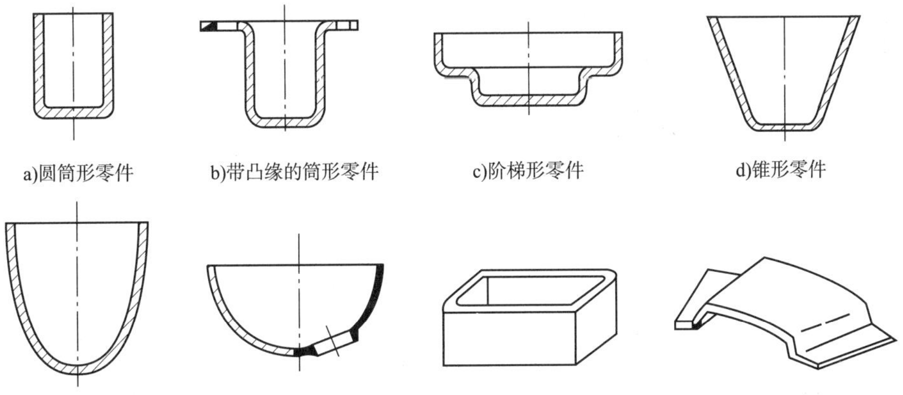

a)圆筒形零件　b)带凸缘的筒形零件　c)阶梯形零件　d)锥形零件

e)抛物线零件　f)球形零件　g)盒形零件　h)复杂曲面形状零件

图4-14　拉深成型的各种零件

（4）胀形工艺。利用模具强迫板料厚度减薄和表面积增大，得到所需几何形状和尺寸的制件，这种冲压成型称为胀形，常用的胀形有起伏胀形、圆柱形毛坯（或管形毛坯）的胀形和平板毛坯的胀形。汽车覆盖件等也经常包含胀形成分。胀形可采用不同的方法来实现，如刚性凸模胀形（图4-15）、橡皮凸模胀形（图4-16）和液压凸模胀形（图4-17）。

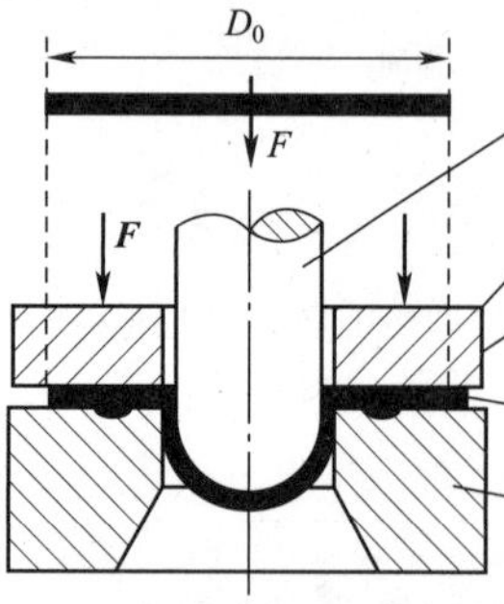

图4-15　刚性凸模胀形

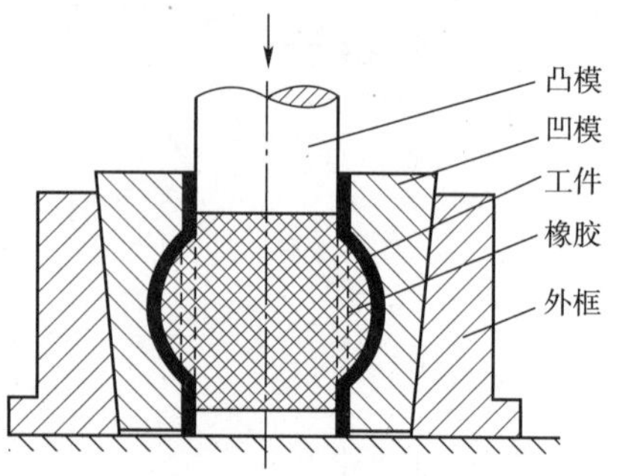

图4-16　橡皮凸模胀形

（5）翻边工艺。利用模具把板料上的孔缘或外缘翻成竖边（侧壁）的冲压方法叫作翻边。用翻边的方法加工形状较为复杂且有良好刚度的立体制件，还能在冲压件上制取与其他零件装配的部位（如铆钉、孔、螺纹底孔和轴承孔等）。翻边可代替某些复杂零件的拉深工序，改善材料塑性流动，以免发生破裂或起皱。用翻孔代替先拉深后切底的方法制取无底零件，可减少加工次数并节省材料。

①圆孔翻边（翻孔）。如图4-18所示为圆孔翻边示意图。翻孔时，带有圆孔的环形毛坯被压料圈压紧，变形区限制在凹模圆角以内（凸模下的区域），并在凸模的压力作用下，随着凸模下降，毛坯中心的圆孔不断扩大，凸模下面的材料向侧壁转移，直到完全贴靠凹模侧壁，形成直立的竖边。

②外缘翻边。外缘翻边可分为内凹外缘翻边（图4-19）和外凸外缘翻边（图4-20）。

用模具把毛坯上内凹的外缘翻成竖边的冲压加工方法叫作内凹外缘翻边。

用模具把毛坯上外凸的外边缘翻成竖边的冲压加工方法叫作内外凸外缘翻边。

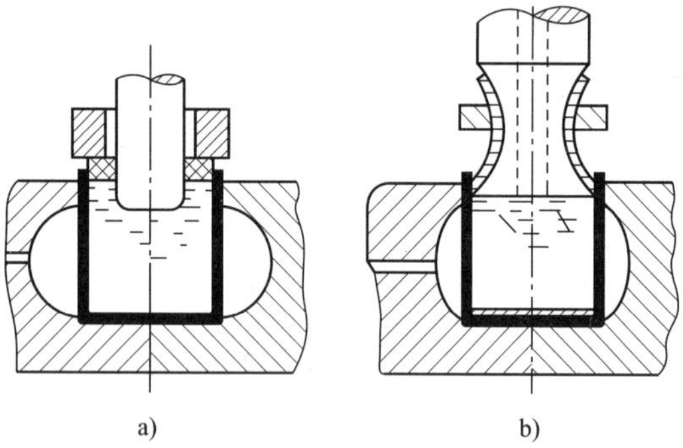

图4-17　液体凸模胀形

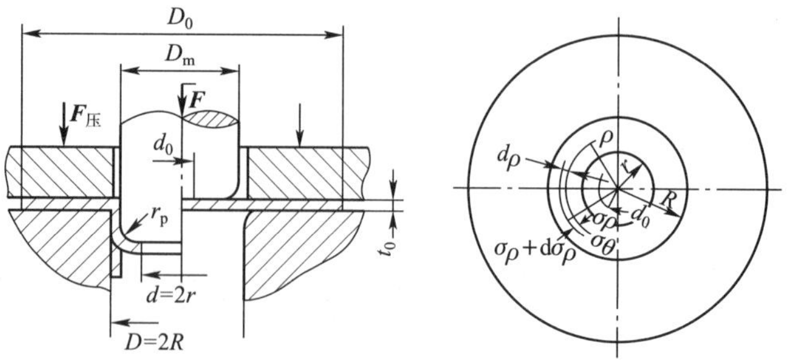

图4-18　圆孔翻边

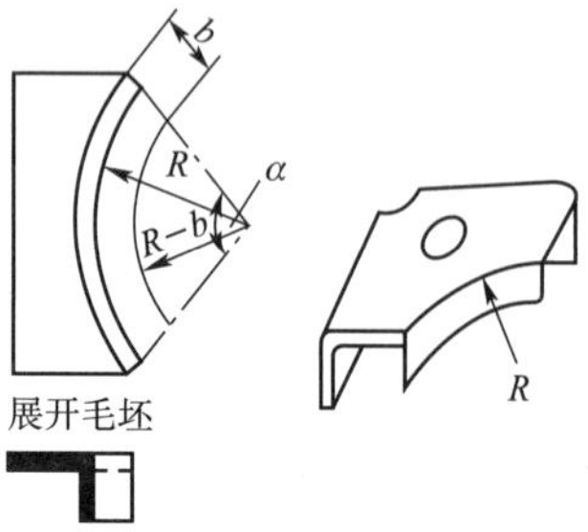

图4-19　内凹外缘翻边

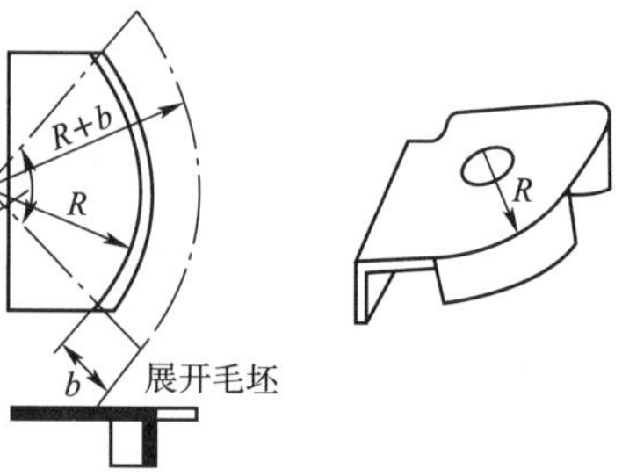

图4-20　外凸外缘翻边

任务2 汽车车身的焊装

1. 汽车车身常用的焊接方法

汽车车身焊接常用的方法有手工电弧焊、CO_2 保护焊、气焊、电阻焊和激光焊接等。

1)手工电弧焊

有骨架车身的车架是采用手工电弧焊的方法把大梁和横梁焊接而成的。

手工电弧焊:利用焊条和焊件之间产生的电弧热量,将焊条和焊件熔化,从而获得牢固接头的焊接过程,如图4-21所示。

各种空间位置的焊缝如图4-22所示。

手工电弧焊的优点:操作灵活方便,能进行任意空间位置和各种接头形式的焊接,电弧是明弧,便于观察焊接过程,焊接设备简单。

2)气焊

汽车上的薄壁构件(最小厚度为0.5mm)一般采用气焊。

气焊:利用氧气和可燃气体混合燃烧所生成的热量将焊件和焊丝熔化而进行的焊接方法。

气焊的设备有:氧气瓶、乙炔发生器、焊炬等,如图4-23、图4-24所示。

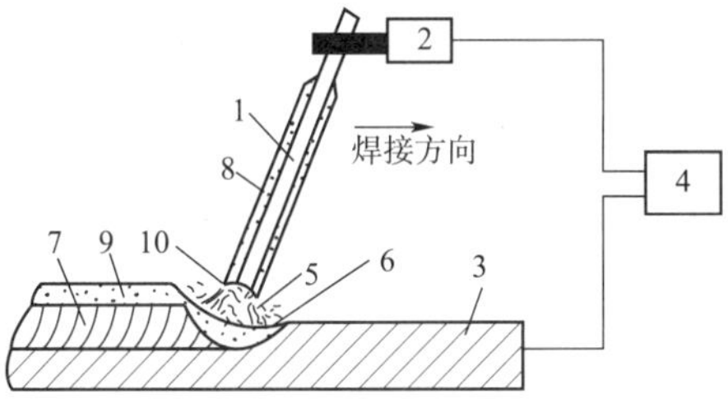

图4-21 手工电弧焊

1-焊条芯;2-焊钳;3-焊件;4-电源;5-电弧;6-熔池;7-焊缝;8-焊条涂料;9-渣壳;10-溶滴

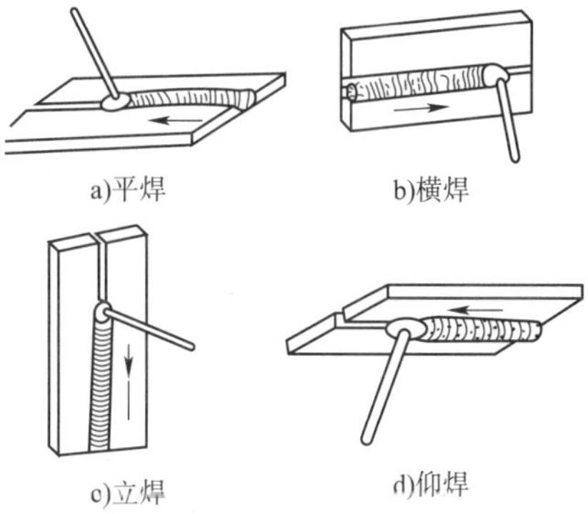

图4-22 各种空间位置的焊缝图

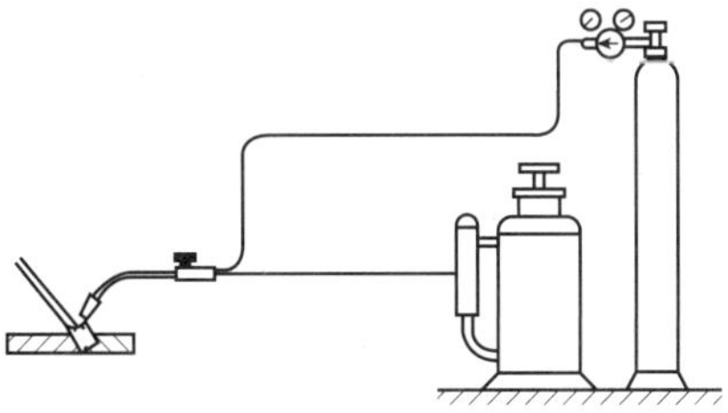

图4-23 气焊设备示意图

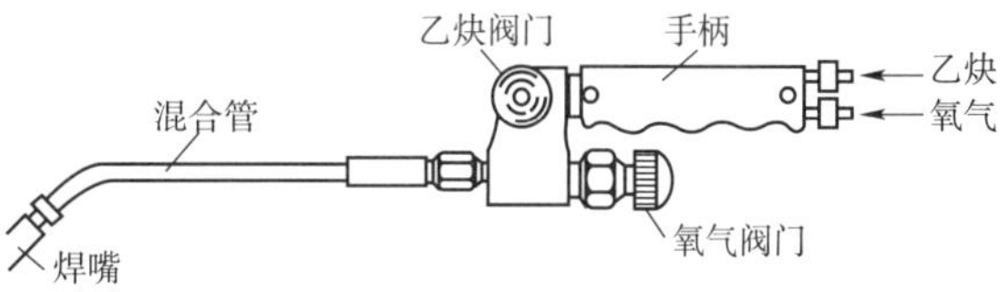

图4-24 焊炬

气焊的优点:设备简单,操作灵活方便,不需要电源并能焊接多种金属(薄钢板、有色金属及其合金、铸铁焊补等)。

气焊在轿车车身焊接上的应用如图4-25所示。

3)CO_2 保护焊

客车的车厢骨架采用 CO_2 保护焊。

(1) CO_2 保护焊：用 CO_2 作为保护气体，以焊丝与焊件之间产生的电弧熔化金属，以自动和半自动方式进行焊接。

CO_2 保护焊的优点：成本低，生产率高，焊接接头质量好（焊接变形小、抗锈能力强、抗裂性能好），操作灵活，适宜进行各种位置的焊接。

(2) CO_2 保护焊的焊接过程：在进行 CO_2 保护焊时，电弧燃烧热大部分用来加热焊件，使其形成熔池。小部分电弧热用于加热焊丝，使其不断地融化而形成熔滴，离开焊丝末端而进入熔池，这个过程称为熔滴过渡，整个焊接过程就是无数个熔滴过渡的组合。

(3) CO_2 保护焊的设备：CO_2 保护焊的设备如图 4-26 所示。

CO_2 保护焊的焊枪如图 4-27 所示，CO_2 保护焊的焊机如图 4-28 所示。

图 4-25　气焊在轿车车身焊接上的应用

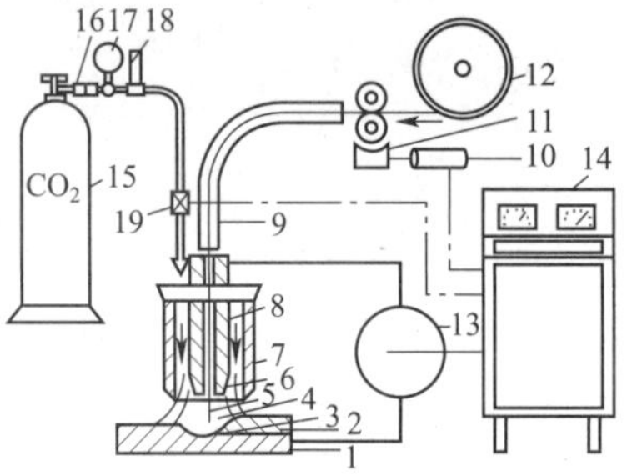

图 4-26　CO_2 保护焊设备

1-工件；2-焊缝；3-溶池；4-电弧；5-焊丝；6-二氧化碳气体；7-喷嘴；8-导电阻；9-软管；10-送丝电动机；11-送丝机构；12-焊丝盘；13-直流电源；14-控制箱；15-CO_2 气瓶；16-干燥预热阀；17-压力表；18-流量计；19-电磁气阀

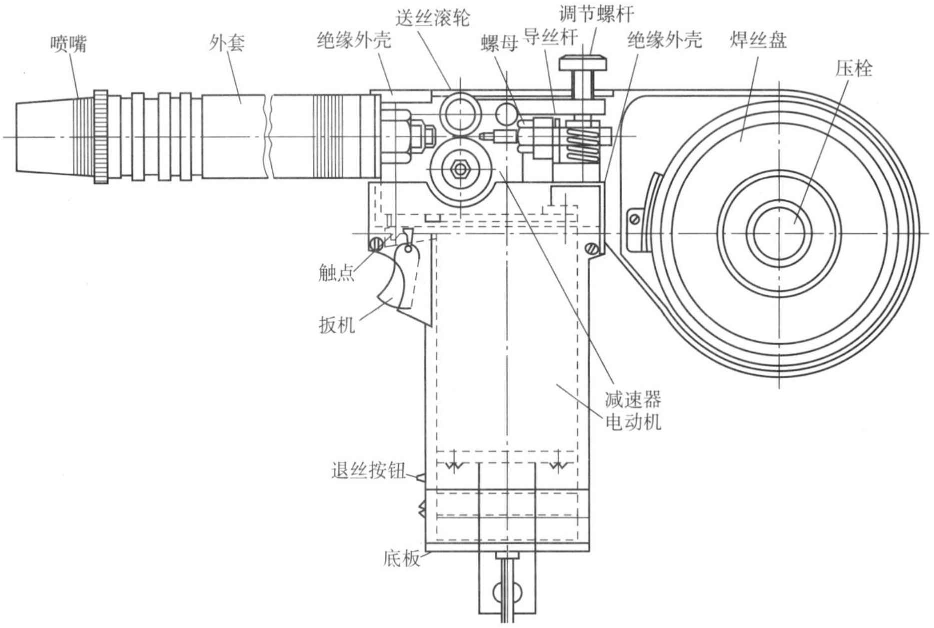

图 4-27　CO_2 保护焊焊枪图

4)点焊(压力焊)

轿车车厢的骨架等采用点焊方法连接。

(1)点焊:利用两个电极,在两块搭接件上加压并通电,使接触面之间形成焊点,从而将工件焊在一起的方法,如图4-29所示。

图4-28　CO_2保护焊焊机图

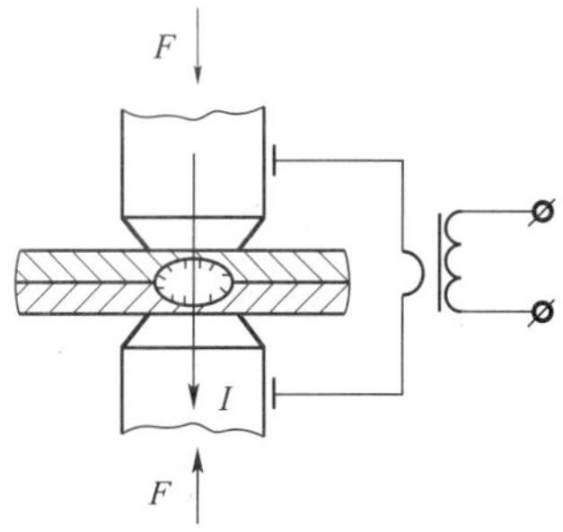

图4-29　点焊

(2)点焊的过程:通常把一个焊点的形成过程称为一个点焊循环。点焊循环由四个基本阶段组成。

①预压阶段:从电极开始加压到焊接电流接通之前的阶段。作用是使焊件的焊接处有良好的接触,为焊接电流顺利通过做好必要的准备。

②焊接阶段:通电加热、熔核形成的阶段,是整个循环中最关键的阶段。

③锻压阶段(冷却结晶阶段):切断焊接电流,熔核开始结晶,电极继续加压。

④休止阶段:升起电极,移动焊件,准备进行下一个点的焊接。

(3)点焊的设备:汽车焊接常用悬挂式点焊机如图4-30所示;点焊焊钳如图4-31所示。

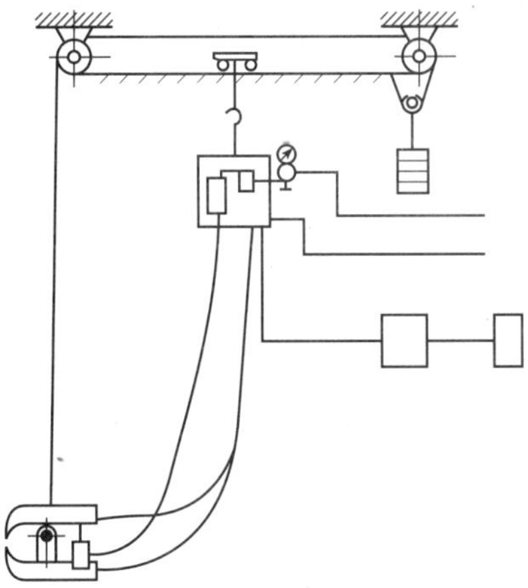

图4-30　悬挂式点焊机

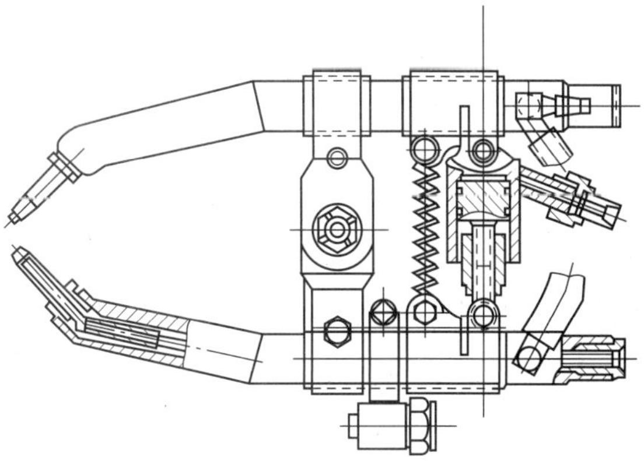

图4-31　点焊焊钳

悬挂式点焊机和由多台点焊机组成的点焊生产线如图4-32所示。

5)激光焊接

激光技术采用偏光镜反射激光产生的光束使其集中在聚焦装置中产生巨大能量的光束,如果焦点靠近工件,工件就会在几毫秒内熔化和蒸发,这一效应被用于焊接工艺。

a)

b)

图4-32　悬挂式点焊机和由多台点焊机组成的点焊生产线点焊焊接线

激光焊接设备的关键是大功率激光器,主要有两大类:一类是固体激光器,又称 Nd:YAG 激光器。Nd(钕)是一种稀土族元素,YAG 代表钇铝石榴石,晶体结构与红宝石相似。Nd:YAG 激光器波长为 1.06mm,主要优点是产生的光束可以通过光纤传送,因此可以省去复杂的光束传送系统,适用于柔性制造系统或远程加工,通常用于焊接精度要求比较高的工件。汽车工业常用输出功率为 3 ~ 4kW 的 Nd:YAG 激光器。另一类是气体激光器,又称 CO_2 激光器,分子气体做工作介质,产生平均为 10.6mm 的红外激光,可以连续工作并输出很高的功率,标准激光功率在 2 ~ 5kW 之间。

激光焊接的特点是被焊接工件变形极小,几乎没有连接间隙,焊接深度/宽度比高,因此焊接质量比传统焊接方法高。激光技术主要用于车身拼焊、焊接和零件焊接。

轿车车身激光焊接如图 4-33 所示。激光焊接线如图 4-34 所示。

图4-33　激光焊接

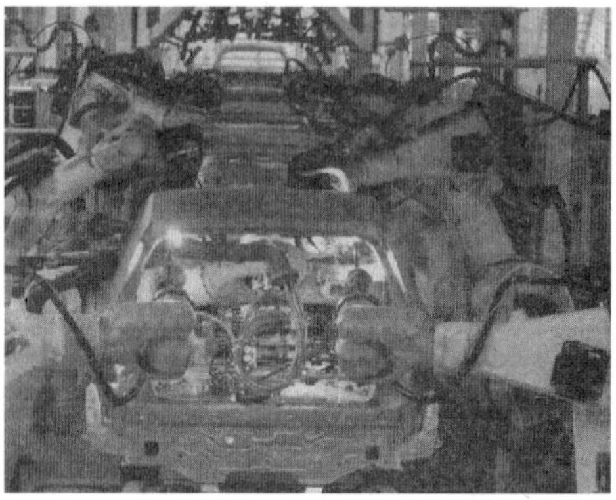

图4-34　激光焊接线

2. 轿车车身的焊装过程

由于轿车车身比较复杂,在焊装过程中,把它划分为合件装焊、分总成装焊和车身总成装焊三个阶段。轿车车身装焊的顺序如图 4-35 所示。

1)车身合件装焊和分总成装焊

车身合件装焊:将若干零件装焊成合件。

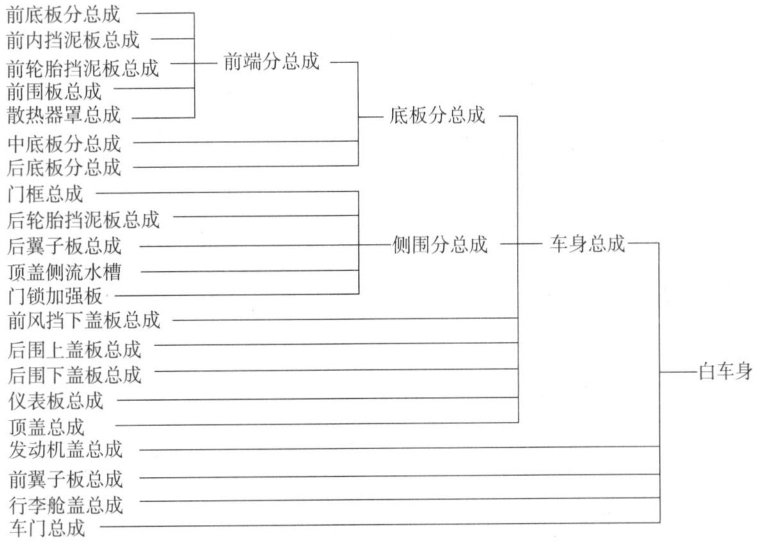

图4-35 轿车车身装焊顺序图

车身分总成装焊:将若干合件和零件装焊成分总成。

在车身合件装焊和分总成装焊过程中,采用了大量的装焊夹具。

装焊夹具:在装焊过程中,用于夹持并确定工件位置的工具和装置。

车身合件和分总成焊装时,在装焊夹具上进行定位、夹紧和点固。

定位:准确地确定被焊接的零件或部件相对于夹具的位置。主要靠装焊夹具的定位元件实现。

焊装夹具有样板、装焊胎模和专用夹具等。

(1)样板:样板是预先按各零件的相互位置制作的,装配时使它和工件紧靠来实现工件的定位。车门焊接样板如图4-36所示。该样板与门支柱和内盖板点焊。门支柱靠其外形及限位器固定座来定位,内盖板靠三面翻边来定位,在固定式点焊机上进行焊接。

(2)装焊胎模:装焊胎模是利用一个或几个按零件对应面的形状和相互位置而制作的胎模面。装配时,胎模面与零件接触实现定位,在整个焊接过程中,胎模始终与零件定位表面相接触,适合于刚性较弱的车身覆盖件的焊装。用于车门装焊的焊接胎具如图4-37所示。

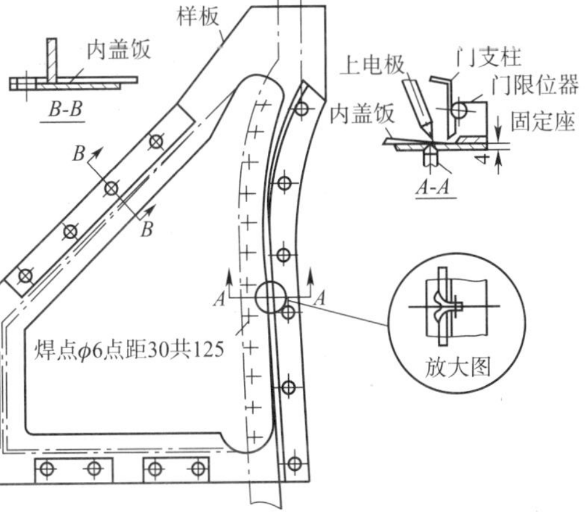

图4-36 焊接样板

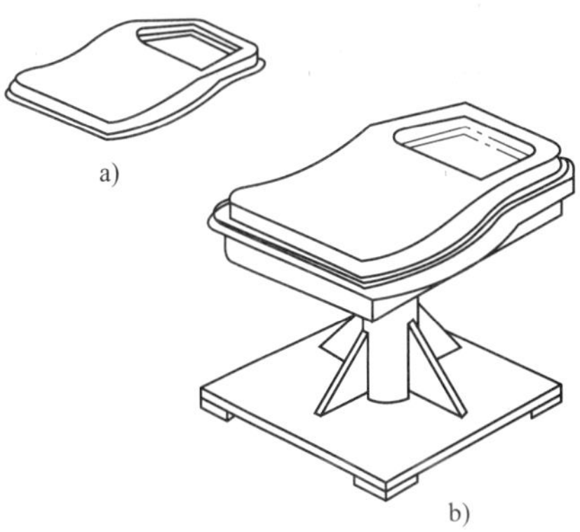

图4-37 焊接胎具

(3)专用夹具。车门分总成如图 4-38 所示。

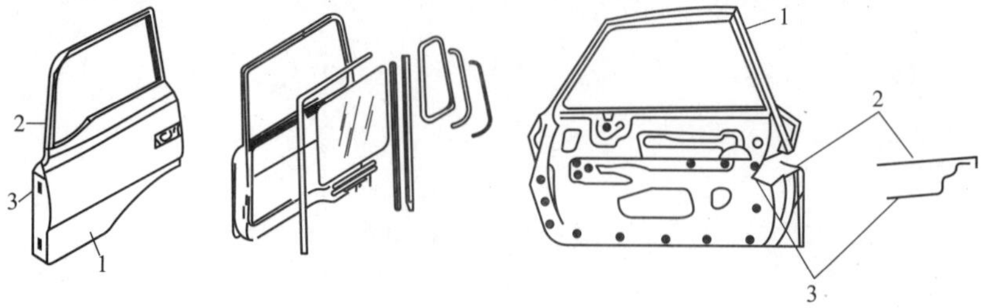

图 4-38　车门

1-窗框;2-车门外板;3-车门内框

车门装焊采用了专用夹具。其定位和夹紧模型如图 4-39 所示。

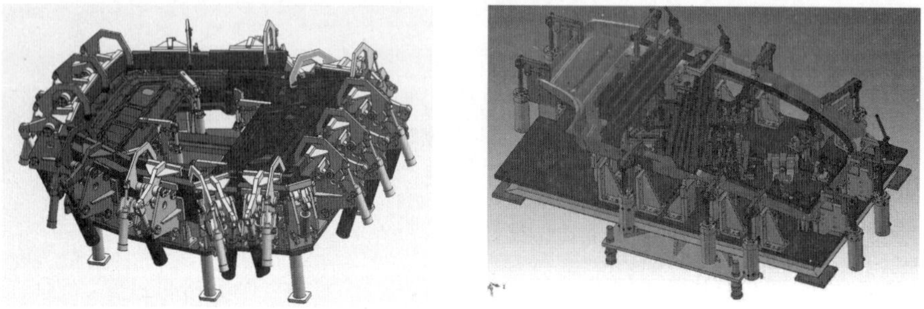

a)　　b)

图 4-39　车门焊装夹具模型

整体式车门由作为一个整体冲压件的窗框与车门外板、车门铰链加强板和车门内板等组成。这些组成部分都是先由两个以上的薄板冲压件先焊成组件,然后分别与车门内、外板进行扣合和焊接,最后内外板包边点焊而成。

车门扣合机有油压机压力扣合和包边机两种,如图 4-40 所示。

a)　　b)

图 4-40　车门扣合油压机和包边机

车门焊接夹具如图 4-41 和图 4-42 所示。

车身分总成装焊采用大型的专用夹具进行装焊,如图 4-43 所示;车身分总成装焊如图 4-44 所示。

2)车身总成的焊装

(1)轿车总成焊接流程如图 4-45 所示。

车身总成的焊装采用机器人组成的焊接生产线进行。

图4-41 车门焊装夹具

图4-42 车门包边焊接夹具

图4-43 车身分总成装焊采用大型的专用夹具

图4-44 车身分总成装焊

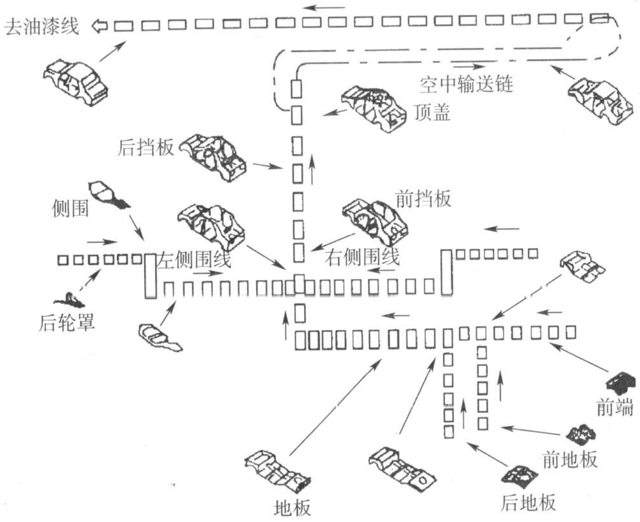

图4-45 轿车焊接流程

(2)点焊机器人:点焊机器人结构如图4-46所示。

轿车焊接线机器人由机器人、安装在机器人手臂上的焊钳和焊接控制器组成,如图4-47所示。

目前,世界上最为典型的机器人有COMAC、KμKA和ABB等。机器人焊接控制方式有伺服控制和气动控制两种方式。其中,伺服控制焊钳对零件的精度要求较高。如果零件的精度达不到要求,伺服控制焊钳的故障率就会很高,维护费用大。气动控制焊钳对零件精度要求相对较低,故障率低,维护方便而且成本较低。

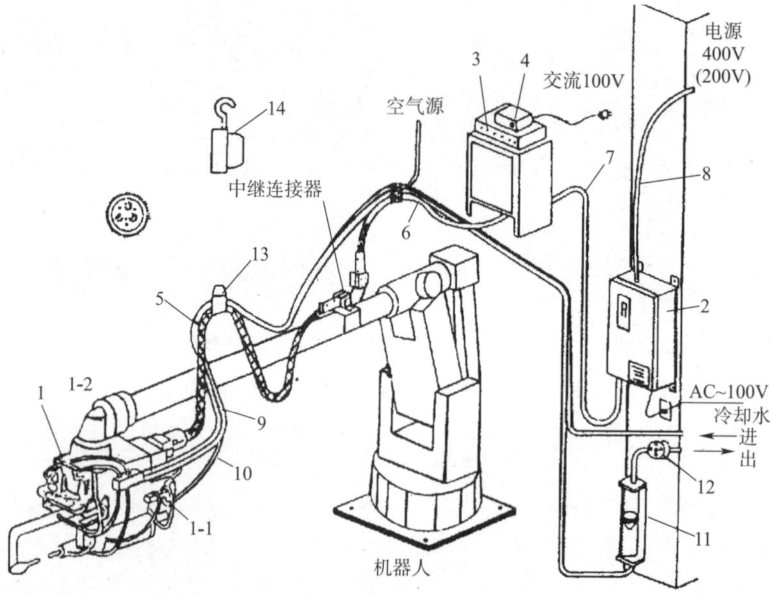

图 4-46 点焊机器人结构

1-焊钳(1-1. 气管接头,1-2. 水管接头);2-主电力开关;3、4-控制箱;5-同轴电缆;6、7、8-导线套管;9-冷却水管;10-气管;11-流量计;12-水开关;13、14-吊挂件

通过编程可以设计点焊机器人的动作,焊接的适应性好;点焊机器人不仅能代替一般人工焊接,还能进行一些人工不易操作部位的焊接,提高了自动化程度;点焊质量稳定,焊点的点距规则。

图 4-47 焊接机器人

(3)由点焊机器人组成的车身总成装焊线。目前,轿车车身总成装焊多采用贯通式装焊生产线。

贯通式装焊生产线的夹具与工件传输装置呈分离状态,装焊夹具处于静态。由于工件是在静态下装焊,所以定位精度易于保证,适用于多种产品及机器人的配套使用。

由点焊机器人组成的车身总成装焊线局部如图 4-48 所示。

a) b)

图 4-48 由机器人组成的车身总成焊装线

任务 3　汽车车身的喷涂

汽车车身涂装是提高汽车防腐蚀性及装饰性的最有效和最经济的方法，是汽车车身制造工艺的一个重要方面。如图 4-49 所示为涂装车间作业。

图 4-49　涂装车间作业

1. 对汽车车身涂装工艺的了解

涂装是指将涂料均匀涂覆在车身覆盖件表面上并干燥成膜的工艺。车身经涂装后有多种颜色可供选择，见图 4-50。

图 4-50　车身颜色多种选择

车身涂料涂覆在车身表面时，能生成坚韧、耐磨、附着力强、具有各种颜色和防锈、耐潮湿、耐高温等多种功能的涂膜。某些特殊涂料还能起防振消声、隔热作用。

为使涂层满足底材、被涂物所要求的技术条件和使用环境所需的功能，保证涂装质量，获得最佳的涂层，取得最大限度的经济效益，必须精心进行涂装工艺设计。涂装工程的关键是涂装材料、涂装工艺和涂装管理这三个要素。

1)涂装材料

涂装材料的质量和作业配套性是获得优质涂层的基本条件。在选用涂料时,要从涂膜性能、作业性能和经济效果等方面综合衡量。

2)涂装工艺

涂装工艺包括所采用的涂装技术(工艺参数)的合理性和先进性,涂装设备和涂装工艺的先进性和可靠性,涂装环境条件以及涂装操作人员的技能、素质等。

3)涂装管理

涂装管理包括涂装材料管理、工艺管理、设备管理、工艺纪律管理、质量管理、现场环境管理、人员管理等。涂装管理是确保所制定的工艺的实施,确保涂装质量的稳定,达到涂装目的和最佳经济效益的重要条件。

2. 汽车车身涂装的典型工艺

街上五颜六色、来来往往的汽车,观察他们的漆面质感,有的光艳,有的暗淡,更可依色泽分辨出车龄和档次,这就是涂装的作用。涂层质量的优劣直接影响购车者的观感印象和车辆本身的品牌形象。汽车车身包括轻、中、重型载重汽车的驾驶室及覆盖件,还有中、高级轿车车身、旅游面包车和大客车的车身。它们是汽车的外表装饰件,使用条件苛刻,要适应各种气候条件,对涂层的耐候性、外观装饰性、使用耐久性等的要求最高。目前在售10万元以上车型,多用镀锌防锈钢板。但不足以抵御长年累月风吹雨打对其的侵蚀。因此,防腐是车身涂装的基本目的,另一个目的就是装饰美化。对于不同的汽车,两者有主次之分,尤其是高级轿车,涂装以装饰性为主,要求涂层外观漂亮、色泽鲜艳、镜物清晰。对于载重汽车,涂装则重视耐久性。

因此,汽车车身的涂装工艺因各种汽车的使用条件不同也各不相同。概括起来,国内外汽车车身涂饰工艺可以分为以下三个基本体系。

1)涂两层烘两次体系/涂层总膜厚55~75μm

碱性脱脂→锌盐磷化→干燥(120℃/10min)→底漆涂层[电泳底漆,膜厚20~30μm烘干(160℃/30min)]→干或湿打磨→干燥→面漆涂层[喷涂三聚氰胺醇酸树脂系面漆金属闪光色用丙烯酸树脂系,膜厚35~45μm,烘干((130~140℃)/30min)]。

中型、重型载重汽车的驾驶室一般采用这一涂饰体系。

2)涂三层烘两次体系/涂层总膜厚70~100μm

碱性脱脂→锌盐磷化→干燥(120℃/10min)→底漆涂层[电泳底漆,膜厚15~25μm,不烘干(仅晾干水分)]→中间涂层[静电自动喷涂与电泳底漆相适应的水性涂料,膜厚20~30μm,烘干(100℃/10min)(预烘);(160℃/30min)(与底漆一起烘干)]→面漆涂层[喷涂三聚氰胺醇酸树脂系面漆(金属闪光色用丙烯酸树脂系),膜厚35~45μm,烘干(130~140℃/30min)]。

对于外观装饰性要求不太高的旅行车和大客车车身及轻型载重汽车的驾驶室一般采用这一涂饰体系。

3)涂三层烘三次体系,其涂层总膜厚70~100μm

碱性脱脂,锌盐磷化。有的涂装线采用Ro Dip-Technology(全旋反向浸渍输送技术),干燥(120℃/10min)

后底漆涂层,喷涂溶剂型环氧树脂底漆,膜厚15～25μm,烘干(150℃/30min),采用干或湿打磨,再干燥;实施中间涂层,静电自动喷涂溶剂型三聚氰胺醇酸树脂漆,膜厚20～30μm,烘干(150℃/30min)后再湿打磨,再次干燥,实施面漆涂层,喷涂三聚氰胺醇树脂系面漆(金属闪光色用丙烯酸树脂系),膜厚35～45pm,烘干[(130～140℃)/30min]。

对于外观装饰性要求高的轿车车身、旅行车和大客车车身一般都采用这一涂饰体系。

例如,东风公司的雪铁龙ZX(富康)轿车CKD小批量生产的涂装工艺是:

预清洗→碱液脱脂→水洗→表面调整→磷化→水洗(二次)→阴极电泳涂漆→本洗(四次)→烘干→底漆打磨→喷中涂(两道)→晾置→烘干→中涂打磨→喷面漆(二道)→烘干→检查。这就是涂三层烘三次体系。

另外,少数高级、豪华、外观装饰性要求非常高的轿车车身采用四涂层甚至五涂层体系。表4-6是当今汽车车身的典型涂装工艺体系。

汽车车身典型涂装工艺体系　　表4-6

工序		工艺条件	2C2B[1]		3C3B			4C4B			5C5B		
			卡车、吉普、经济型轿车		中型、大众型轿车			高级轿车			超高级(豪华)轿车		
			本色	闪光色	本色	金属闪光色	珠光色	本色	金属闪光色	珠光色	本色	金属闪光色	珠光色
漆前处理		中低温锌盐磷化处理	○[2]	○	○	○	○	○	○	○	○	○	○
底漆	阴极电泳	20μm或30～35μm	○	○	○	○	○	○	○	○	○	○	○
	烘干	175～180℃,200min	○	○	○	○	○	○	○	○	○	○	○
	打磨	400号(局部)	根据需要										
头道中涂	灰色或同色	35μm(W/W)			○	○	○	○	○	○	○	○	○
	烘干	140℃[3],200min			○	○	○	○	○	○	○	○	○
	湿打磨	400～600号			根据需要			○	○	○	○	○	○
二道中涂	灰色或同色	35μm						○			○	○	○
	烘干	140℃,20min						○			○	○	○
	湿打磨	600～800号						○			○	○	○
头道面漆	本色	35～40μm(W/W)	○		○			○			○		
	闪光底色漆	15μm[4](W/W)		○		○	○		○	○		○	○
	罩光清漆	35μm		○		○	○		○	○		○	○
	烘干	140℃,20min	○	○	○	○	○	○	○	○	○	○	
	湿打磨	800～1 000号	根据需要								○	○	○
二道面漆	本色	35～40μm(W/W)									○		
	罩光清漆	30～35μm							○	○		○	○
	烘干	140℃,20min							○	○	○	○	○

注:①C代表涂层coat,B代表烘干bake,3C3B为3涂层3次烘干。烘干温度为工件温度,烘干时间为保温度时间。

②○表示需执行的工序,W/W表示"湿碰湿"工艺。

③中涂层烘干温度,德国大众工艺规范为165℃,20min。

④珠光闪光底色层膜厚较金属闪光底层厚,可20～30μm。

从上可知,汽车涂装工艺可归纳为几个关键工序,如图4-51所示,其流程如下:

漆前表面处理⟶涂底漆(电泳)⟶涂中间漆⟶刮腻子⟶涂面漆(色漆)

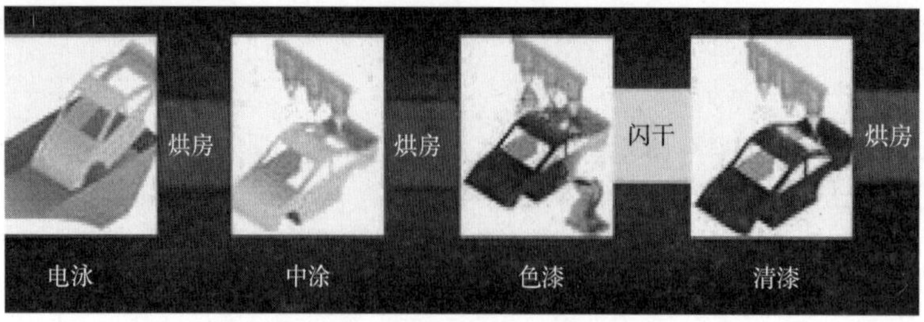

图4-51 车身涂装关键工艺流程

3.汽车车身涂装工艺及设备的分析

1)涂装前车身表面处理

漆前表面处理是涂装工艺中最重要的工序之一。车身涂漆前表面处理的目的在于充分除去车身表面上的各种污物,为涂层提供一个良好的基底。

车身表面的主要污物之一是油污。汽车的主要部件是由钢铁等材料制成的,为了防止生锈,在加工、储运过程中常用以矿物油或动、植物油为基础成分并加有各种有机添加剂或无机物质油类进行保护,这些保护油类是汽车零部件表面油污的主要来源。油污的存在,会影响酸洗和磷化质量,即便车身表面经过清洗、除锈、修补等工序,但钣金修复后留下的污物,工具上的油污以及未去除的部分旧油漆,若在涂底漆前不清除干净,必将影响涂装中涂层的干燥性,并降低涂层的附着力,甚至在面漆喷涂后,还会出现脱落或起皮现象。因此,上漆前一定要先进行除油。

铁锈是车身表面的另一主要污物。它是钢板表面生成的氧化物和氢氧化物,若涂层下存在铁锈时,会加速涂层下金属的腐蚀过程,铁锈与金属结合得不牢,脱落时会导致涂层的破坏。试验表明,不经除锈处理的涂层,经过两年的自然露晒后,涂层生锈腐蚀面达60%,而经过喷沙、磷化处理的表面涂层仅有个别锈点。因此在涂漆前必须清除铁锈。

须在涂漆前清除的还有焊渣、其他酸碱等污物及由于加工条件和周围环境所引起的黏附性灰尘等,它们的存在,也直接影响涂层的附着力、保护性能和涂层的使用寿命。

车身表面涂漆前的表面处理方法,必须根据表面污物的性质及沾污的程度、被涂金属的种类、制品光洁度以及最后涂层的作用来选择。油污清除的难易程度与油污的组成成分有关,动、植物油可用皂化、乳化和溶解作用去除;矿物油不能皂化,主要靠润湿、乳化、分散等作用去除。通常,黏度越大、溶点越高的油污越难清洗;极性较强的油污,由于对金属表面的附着力强,较难清洗;因长期存放或高温烘烤形成的氧化性干膜,很难清洗;带有固体微粒的润滑剂、研磨剂、抛光膏等的清洗也很困难。对于难以清洗的油污,需采用增强化学反应、加强物理机械作用或提高清洗温度等措施来清除。这些处理方法具体来说包括脱脂、除锈和磷化三大部分。

(1)脱脂是指将车身制件金属表面的油脂除掉的过程。

(2)除锈是指去除车身表面的氧化皮,包括机械除锈和化学除锈。

(3)磷化是用磷酸处理金属制品表面,产生磷化膜作为油漆涂层基底,提高涂膜(电泳)的附着力和耐蚀力。

为获得最佳的磷化膜,确保产量和处理面积,必须精心设计和选用前处理工艺及设备。在设计时应考虑以下必要条件:被处理物(车身)的大小、形状及面积,材质(钢板种类、铝材等),产量(或生产节拍min/台),被涂物的输送方式(间歇步进式,连续方式),处理方式(喷射方式,浸渍方式),设备场地(空间),运行效率(80%~90%),前处理的质量基准等。

涂装前处理的典型工艺流程(基本工序)列于表4-7中。

前处理的处理方式按处理液与被处理件的接触方式可分两大类,喷射方式和浸渍方式。随着电泳涂装技术的采用,促使车身的前处理工艺迅速由喷射方式革新为全浸处理方式,以解决喷射处理车身未处理完全的油污被带入电泳槽内,加上电泳槽液中溶剂和金属溶质而产生电解脱脂,其结果电泳涂膜上产生缩孔。采用全浸处理方式是使车身内表面尽可能处理完善,并提高其防锈力。

涂装前处理的方式和各工序概念　　表4-7

工序名称	处理功能	处理方式				备注
		喷射方式		浸渍方式		
		时间(s)	温度(℃)	时间(s)	温度(℃)	
1. 热水预清洗(或手工预清洗)	除去车身上的附着物 车身加热	60	60~70	60(喷)	60~70	使用70~80℃的热水,如果白车身较清洁,本工序可省略,可由工序2或4补水
2. 预脱脂	除去车身外板油污 车身加热	60	45~50	60(喷)	45~50	可使用脱脂液和由第1水洗补给的水
3. 脱脂	除去油污	120	50~60	120	45~50	使用由硅酸钠,磷酸钠、表面活性剂等配制清洗液,除去整个车身的油污
4. 水洗No.1	除去脱脂清洗剂冷却车身	20~30	室温(偏低较好)	20~30(喷)	室温(偏低较好)	自来水,由水洗No.2通过溢流或预洗法补给
5. 水洗No.2	除去脱脂清洗剂冷却车身	20~30	室温(偏低较好)	20~30(浸入出)	室温(偏低较好)	连续补给自来水(出口喷)保车体温度40℃以下
6. 表面调整	调整微碱性 活化、形成膜核	60	室温(低于RT)	60(出槽喷)	室温(低于RT)	使用钛酸盐,磷酸钠等表调剂、调整钢板表面呈微碱性
7. 磷化	生成磷化膜	120	50~60	120(80s)(出槽喷)	40~45	使用“二元”锌盐磷化液加促进剂,由化学反应金属表面上生成磷酸盐结晶膜
8. 水洗No.3	除去磷化液	20~30	室温	20~30(喷)	室温	自来水,由水洗No.4通过溢流或预洗补给。特别是要除去磷化渣

续上表

工序名称	处理功能	处理方式				备注
		喷射方式		浸渍方式		
		时间(s)	温度(℃)	时间(s)	温度(℃)	
9. 水洗 No. 4	除去磷化液	20 ~ 30	室温	20 ~ 30	室温	自来水或工序11纯水水洗通过溢流或预洗法补给
10. 钝化	封闭磷化膜 提高耐蚀性	30	室温	30	室温	
11. 纯水洗	除去杂质离子	10 ~ 20	室温	(浸入即出)	室温	补给纯水
12. 新鲜纯水洗		10 ~ 20	室温	10 ~ 20	室温	洗后车身的滴水 电导率≤30μs/cm

2)涂底漆工艺

车体下部涂装车底涂层是用来防止飞石等击伤的防护涂层材料，防止汽车的下部涂膜被飞石等击伤，露出钢板，而导致短期间就生锈；另外，车底涂层材料也具有车体板防振、防声和防锈等功能。车底涂层的涂装工序布置在电泳涂装和中涂涂装工序之间进行。

底漆涂装多采用电泳涂装法(图 4-52)。中涂前包括底漆涂装的工艺过程为：用电泳涂装法涂阴极电泳底漆→在槽上用 μF 液或去离子水洗(10 ~ 30s)→用循环 μP 液冲洗(10s)→用循环 μF 液浸泡(10s)→用新鲜去离子水淋浴(10s)→用循环去离子水浸洗(10s)→用新鲜去离子水冲洗(10s)→晾干或吹干漆面的水滴(3min)→在 175 ~ 180℃下烘干 20min 强制冷却→技术检查(包括表面质量，干燥程度，膜厚)→所有缝隙处涂密封胶→车身底板下表面喷涂 PVC 车底涂料。阴极电泳有薄膜和厚膜两种，一次泳涂干膜厚度为 20μm ± 2μm 称为薄膜，一次泳涂膜厚为 30 ~ 35μm 称为厚膜，与所选用的阴极电泳涂料有关。

3)中涂涂装工艺

中涂涂装一般布置在 PVC 密封胶、车底涂料和防声、防振片预烘干后进行。但为节能有的生产线省略 PVC 涂料的预烘干工序，即 PVC 密封胶和车底涂料与中涂一起烘干。中涂涂装线一般由底漆打磨间、擦净间、喷漆室、晾干室、烘干室和强冷室等组成。中涂涂装是在一个大型喷漆室中按“湿碰湿”工艺进行涂装，并且要在车身的各部位喷涂相应的多种涂料；中涂喷漆室中的工序(工位)布置，随生产线的大小、喷涂工序的自动化程度和喷涂涂层的种类及涂膜厚度(喷涂遍数)等的不同而又有差异。

中涂涂装一般都采用手工喷漆和杯式自动静电涂装相结合的方法，干涂膜厚度为 35 ~ 40μm。最现代化的中涂涂装采用机械手自动静电涂装，实现了无人全自动化的喷涂作业，如图 4-53 所示。我国和日本的载货汽车车身一般不采用中涂层，在欧美采用中涂(即三涂层体系)。近年来国内载货汽车有轿车化的倾向，也采用中涂，以提高外观装饰性，增强市场竞争力。

图4-52　电泳涂装车间

图4-53　中涂涂装线

为获得优质稳定的中涂涂层,应注意以下要点:

(1)在中涂涂料之前应检查底涂层的表面的质量和清洁度,且都应符合工艺要求。当在PVC线上无预烘干工序时,不能采用鸵鸟毛自动擦净机,而要进行人工擦净。进入中涂线的车身表面的缺陷(如颗粒、PVC涂料的飞溅等)都应消除。

(2)所选用的中间层涂料与底漆、面漆的配套性要好,未打磨的中涂涂膜与面漆涂膜之间也应有良好的结合力。中涂涂膜的强度应与面漆相仿,烘干温度与面漆的烘干温度相同或略高一点。

(3)涂装环境应与涂面漆环境相同,达到清洁无尘,这样可减少或消除中涂层的弊病,以减少中涂打磨工作量或实现中涂层不打磨。

(4)应严格遵守所选用涂装方法(如手工空气喷涂法、手工静电喷涂法和高转速杯式自动静电涂装法等)的操作要求和技术规范。

(5)中间涂层的打磨应有规律,打磨的方向应一致,不应乱打磨,应用400~800号水砂纸进行湿打磨。切忌将涂层打磨穿,露出底金属面,在涂面漆前应补涂底漆,以增强这一部位的防锈性和面漆的附着力。

4)面漆涂装工艺

随着热固性的合成树脂汽车面漆的问世,如热固性丙烯酸树脂涂料、聚酯三聚氰胺等,面漆涂装工艺经历了早期的采用醇酸树脂面漆,喷漆两道的工艺之后,转入到先进的“湿碰湿”面漆涂装工艺的普遍应用阶段。

“湿碰湿”面漆涂装工艺是涂第一道面漆后仅晾干数分钟,在涂膜尚湿的情况下就涂第二道面漆,然后几道面漆一起烘干(140~150℃,20~30min)。

汽车面漆的颜色一般可分为本色和金属闪光色两大类。虽都可采用喷涂法涂布,但它们的涂装工艺方法稍有差别。

(1)面漆涂装工艺方法。面漆涂装的工艺方法(图4-54)可分为:

①单一涂层的工艺方法,即整个面漆涂层为单一色。

②双涂层的工艺方法,即底色漆层,加罩光清漆层。

③三涂层的工艺方法，即封底色层，加底色漆层，再加罩光清漆层。

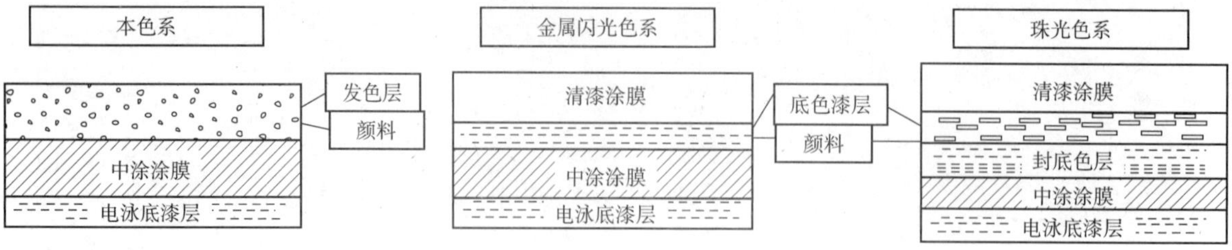

a)单涂层面漆涂装工艺　　b)双涂层涂装工艺　　c)三涂层涂装工艺

图 4-54　本色面漆和闪光色画漆涂装的工艺方法比较

其中，除封底色层在中涂线上涂布外，其他涂层均采用"湿碰湿"工艺涂装，随后一起烘干。

本色汽车面漆一般均采用单一涂层涂装法，"湿碰湿"两道同色面漆。金属色面漆在采用单一涂层涂装工艺时，光泽闪光效果和外观装饰性较差，在汽车涂装工艺中已不采用。金属闪光色面漆现今都采用双涂层工艺方法；为提高外观装饰性，本色面漆也有采用双涂层面漆涂装工艺方法的倾向。由于珠光色的遮盖力差，在涂底色漆之前需在中涂层涂一道封底涂层，故可称为二涂层面漆涂装工艺。

(2)面漆涂层的厚度。面漆涂层的厚度与工艺要求的面漆外观装饰性、遮盖力和涂装性等有关。外观装饰性要求高，面漆层涂得厚，遮盖力低的面漆涂膜厚度达 100μm 左右；面漆遮盖好的，可涂薄一点。面漆的遮盖力随颜色不同而较大变化，如黑色和白色的遮盖膜厚为 10 ~ 30μm，而红、绿、黄等色为 50 ~ 90μm。面漆的抗流挂性和针孔气泡性也决定了面漆喷涂厚度。如面漆涂多厚在垂直面不产生流挂，在水平面不产生针孔气泡；优质的中、高固体组分的汽车烤漆抗流挂和针孔气泡性的膜厚可大于 50μm。一般控制面漆涂层的膜厚如下。

本色面漆、罩光清漆层膜为 40μm ± 5μm；金属闪光色底色漆膜厚为 15 ~ 20μm；珠光色底色漆膜厚为 20 ~ 30μm；封底色层膜厚为 20 ~ 40μm；粉末清漆罩光膜厚为 65μm(误差 +7μm)。

5)认识涂装方法及设备

车身涂膜要达到保护和装饰等预定作用，除了涂料本身的质量优良外，涂漆方式的选择是否恰当也有很大关系。常见的汽车车身制造中的涂漆方法有：浸涂、刷涂、喷涂、电泳涂漆和粉末静电涂饰等。在这里主要介绍电泳涂漆工艺和静电喷涂。

(1)电泳涂装。电泳涂漆原理：电泳涂漆时，将工件作为阳(或阴)极，浸渍于盛有电解质——水溶性涂料的槽中，槽体作为阴(或阳)极。两极间通以直流电后，在工件表面就形成了一层均匀的涂膜。其实质就是胶体化学中的电泳原理，即带电荷的胶态粒子在直流电场作用下，向着它所带电荷相反的电极方向运动，在电极(工件)上脱去电荷，并沉积在工件表面上。电泳过程中伴随着电解、电泳、电沉积、电渗四种化学物理现象。

图 4-55 和图 4-56 分别为电泳涂漆示和应用广泛的阴极电泳涂漆装置的示意图。

阴极电泳和阳极电泳涂装的沉积反应机理见表 4-8。

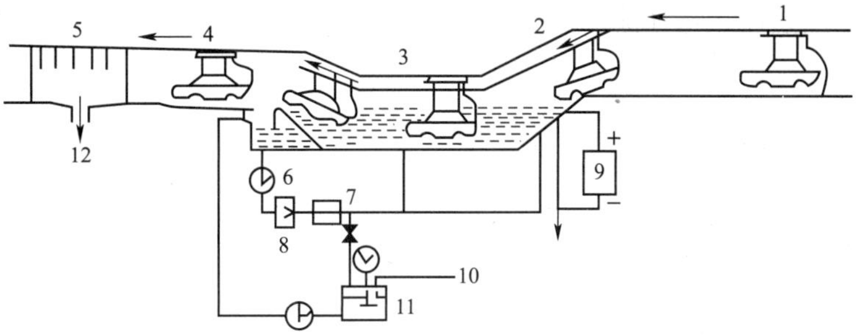

图 4-55　车身电泳涂漆示意图

1-电极安装;2-接触极杆;3-电泳涂漆;4-滴漏;5-水洗;6-溢流槽;7-热交换器;8-过滤器;9-电源;10-涂料补充;11-溶解槽;12-排水

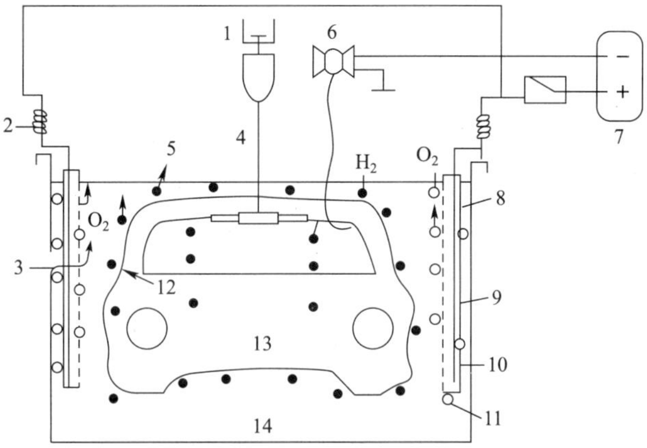

图 4-56　阴极电泳涂漆装置示意图

1-输送带;2-阳极汇流排;3-氧释放;4-汽车悬挂架;5-氢气释放;6-阴极汇流排;7-直流电源;8-不锈钢阳极;9-阳极板;10-酸性阳极液;11-氧气释放;12-氢释放;13-汽车阴极;14-在线涂槽

阴极阳极电泳反应机理　　表 4-8

阴极电泳(阴离子型)	阴极电泳(阳离子型)
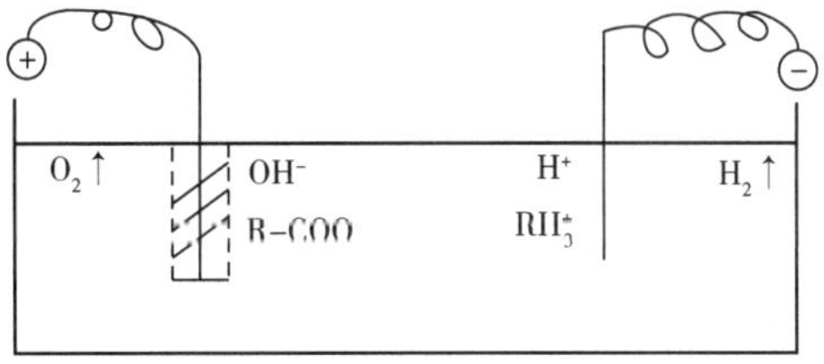 中和剂:KOH,有机胺类	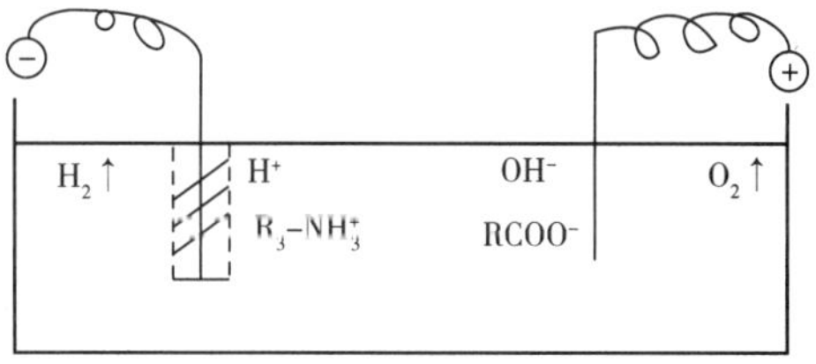 中和剂:有机酸
在 pH 值下降时析出	在 pH 值上升时析出
阳极(被涂物) $2H_2O \rightarrow 4H^+ + 4c + O_2\uparrow$ $R—COO^- + H^+ \rightarrow RCOOH$ (水溶性)　　(水不溶性) $Me \rightarrow Me^{n+} + ne$ $RCOO^- + Me^{n+} \rightarrow (R—COO)_nMe$ 析出	阴极(被涂物) $2H_2O + 2e \rightarrow 2OH^- + H_2\uparrow$ $R_3—NH^+ + OH^- \rightarrow R_3—N + H_2O$ (水溶性)　　(水不溶性析出)
阴极(极板) $2H_2O + 2e \rightarrow 2OH^- + H_2\uparrow$	阳极(极板) $2H_2O \rightarrow 4H^+ + 4c + O^2\uparrow$

电泳涂漆系统的组成：阴极电泳涂漆目前已经占到电泳涂漆的90%以上，下面以阴极电泳涂漆系统为例做简要介绍。

①电泳槽。电泳槽是电泳装置的主体部分，槽体必须与槽液绝缘，绝缘层耐压20kV以上，一般采用玻璃钢结构。在生产线上，槽体长度是由运输链的速度、电泳时间、产品大小来决定的，槽体宽度取决于工件的最大宽度与极板之间的距离（一般为200～300mm），槽体高度取决于工件与漆液液面的距离及工件最低点至槽底的距离。

②槽液循环系统。槽液循环系统的作用是保证整个电泳槽内漆液的成分和温度均匀，防止产生沉淀而破坏颜基比，消除电沉积过程中所产生的气泡，以达到涂膜具有良好外观的目的。槽液循环系统一般设有搅拌装置。为保证漆面均匀、细密、平整及超滤器的正常工作，在系统中还设置了过滤器。

③阳极液循环系统。阳极液循环系统由阳极液槽、阳极罩、阳极液电导控制器及循环泵等组成。

在阳极反应中pH值逐渐降低，为了保证电泳漆的质量，阳极需装在设有半透膜的阳极罩中，阳极罩与阳极槽形成一封闭系统。阳极罩内的液面，高于电泳槽的液面形成正压，这样电泳漆就不易渗入阳极罩中。

在阳极反应中pH值逐渐降低，电导率升高，可通过自动控制电导装置对阳极液进行调整。

④配漆系统。配漆系统由带搅拌器的混合罐、高压供漆泵、漆液输送泵及过滤器等组成。原漆固体组分需通过高压供漆泵打入混合罐中使其稀释，并搅拌均匀。然后通过漆液输送泵及过滤器将漆液输送到电泳槽内。

⑤热交换器。阴极电泳漆的工作温度要求较严格，必须控制在一定范围内，因此必须设置热交换系统。漆液温度调节所用的热交换器有蛇管式、列管式及平板式等类型，均借助于外循环搅拌系统的泵，使漆液进行冷却或加热循环。

⑥超滤系统。超滤器在整个电泳过程中起着很重要的作用。漆液通过超滤器时，由于进出口的压力差及超滤膜的低分子透过性，一些低分子的溶质和溶剂（电泳漆液中的水、乙醇、丁醇、各种无机杂质离子和低分子量的树脂）透过超滤膜形成超滤水，而高分子量的物质（电泳漆注中高分子量树脂、颜料颗粒）则不能透过超滤膜，从而达到分离的目的。超滤水用于清洗电泳后浮漆，不能透过的浓缩电泳液重新返回电泳槽。通过排放超滤液，可以排除电泳槽的杂质离子和低分子产物，使漆液的pH值和电阻值稳定，以确保漆液的稳定和电泳涂漆的正常进行。

电泳涂装的优点归纳如表4-9所示。

电泳涂装优点 表4-9

项　目	内　容
(1)涂装工序时实现完全自动化，适用于流水生产	从涂装前处理到电泳底漆烘干有可能实现自动化生产线
(2)泳透性好，提高了工件内腔的防腐蚀性，尤其阴极电泳涂膜的耐腐蚀性好	使喷涂、浸涂等涂装不到的部位和涂料难以进入的部位也能涂上漆，且缝隙间的涂膜在烘干时不会被蒸气洗掉，因而使工件内腔、焊缝、边缘等处的耐腐蚀性显著提高

续上表

项　　目	内　　容
(3)可得到均匀膜厚	①依靠调整电量容易得到均一的膜厚,靠选择电泳涂料水中和调整泳涂工艺参数,膜厚可控制在10～35μm范围内; ②工件间和不同日期沉积的涂膜(膜厚及性能)能重现; ③与浸涂法不同,在烘干时缝隙间的涂膜不产生“溶落”现象
(4)涂料的利用率高	①阴极电泳涂膜的耐盐雾性在800h以上; ②涂料的有效利用率在95%以上; ③泳涂的湿膜是水不溶性的,电泳以后可采用UF封闭液水洗回收带出槽的涂料
(5)涂膜外观好,有较好的烘干性能	①电泳涂装所用的涂膜含水量和溶剂量少,在烘干过程中没有流痕、溶落等弊病; ②电泳水洗后涂膜是干的,不粘手,晾干时间短,可直接进入高温烘干
(6)安全性比较高,为低公害涂装(涂料)	①涂料回收好,溶剂含量低,对水质和空气污染少; ②无火灾危险; ③采用RO装置和UF排实现电泳后的全封闭水洗,可大大减小废水处理量

但是电泳涂漆也存在着一些缺点,例如设备较复杂,投资费用大;也只限于在导电的被涂物表面上涂漆;烘烤温度较高,耗电量稍大;不易变换涂料颜色,废水必须进行处理等。

(2)静电喷涂。静电喷涂是借助于高压电场的作用,使喷枪喷出的漆雾带电,通过静电引力而沉积在带异电荷的工件表面上而完成喷漆过程(图4-57)。图4-58是静电喷涂示意图。

图4-57　车身静电喷涂车间(采用旋杯式喷枪)

静电喷枪的结构形式很多,有固定旋杯式、手提旋杯式、旋风式等。其中固定旋杯式喷枪的生产效率最高,材料利用率可达90%以上。其结构如图4-59所示。

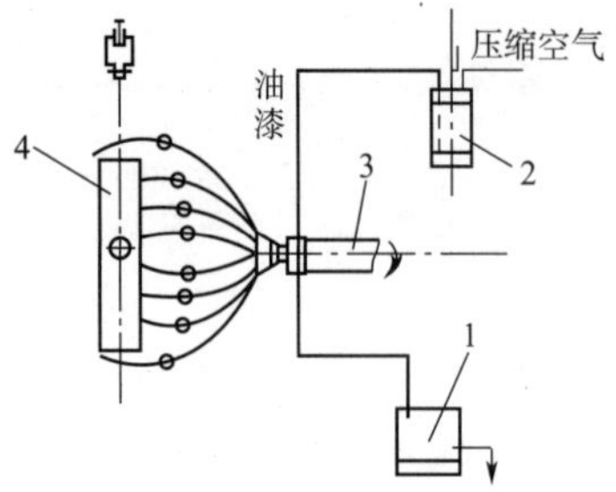

图 4-58　静电喷涂示意图

1-高压发生器；2-输漆罐；3-喷枪；4-工件

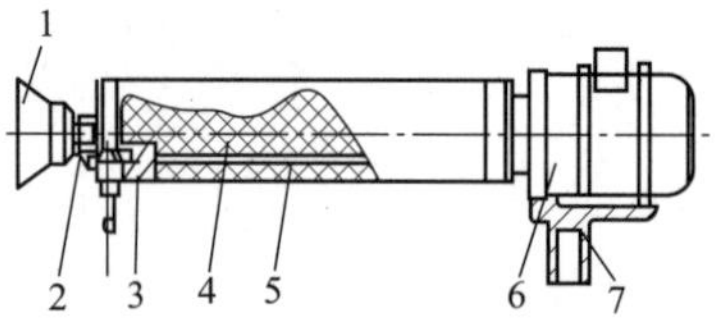

图 4-59　旋杯式静电喷枪结构

1-枪杯；2-漆管；3-轴承盖；4-轴；5-套管；6-电动机；7-喷枪座

思考与练习

一、判断题

(　　)1. 轿车车身结构件和覆盖件是采用板料冲压方法获得的。

(　　)2. 汽车的车架是采用手工电弧焊的焊接方法连接而成的。

(　　)3. 轿车的车身是采用 CO_2 保护焊的方法焊接而成的。

(　　)4. 轿车装焊线采用机械手进行焊接。

二、选择题

1. 承载式车身采用结构件与覆盖件采用________获得所需的形状。

A. 自由锻造　　B. 模型锻造　　C. 板料冲压　　D. 焊接

2. 非承载式的汽车车架用________方法连接而成。

A. 自由锻造　　B. 模型锻造　　C. 板料冲压　　D. 手工电弧焊接

3. 轿车车身主要采用________方法焊接而成。

A. 手工电弧焊　　B. 气焊　　C. CO_2 保护焊　　D. 点焊

4. 客车的车架采用________方法焊接而成。

A. 手工电弧焊　　B. 气焊　　C. CO_2 保护焊　　D. 点焊

三、简述汽车车身典型冲压工艺。

项目5　整车的装配

项目目标

1. 了解汽车整车装配的内容及形式；
2. 了解典型轿车装配车间平面布置和生产线布局；
3. 了解典型轿车的装配工艺；
4. 了解典型轿车装配的工艺设备和检验方法；
5. 了解总装车间生产管理和质量管理。

如图5-1所示，完成涂装的车身进入总装车间。总装车间将上万种零部件按照严格的工艺要求安装成为一辆轿车，经检验成为合格的整车产品。汽车总装采用自动化的专用工具和计算机控制传输的高节奏装配线。

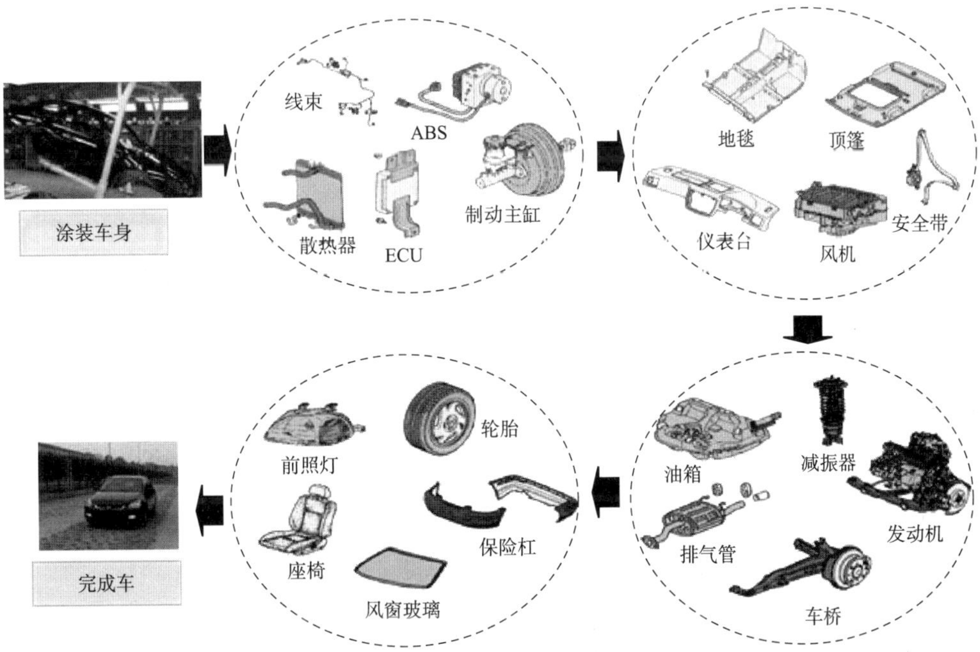

图5-1　汽车整车生产工艺简图

任务1 整车装配的认识

汽车整车装配(或称总装)是汽车全部制造工艺过程的最终环节,是把经检验合格的数以万计的各类零件,按规定的精度标准和技术要求组合成分总成、总成、整车,并经严格的检测程序确认其是否合格的整个工艺过程。

小词典

装配:根据规定的装配精度要求,将零件结合成组件和部件,并进一步将零件、组件和部件结合成机器的过程。

组装:将零件与零件的组合过程称为组装,其成品为组件。

分装:将零件与组件的组合过程称为部装或分装,其成品为部件。

总装:将零件、组件和部件的组合过程称为总装,其成品为机器或产品。

汽车产品要求有好的动力性、经济性和耐久性以实现在各种复杂环境中的运载功能,现代汽车产品更要求安全、可靠、造型美观、乘坐舒适并满足环保要求。这些要求,最终是通过装配工艺来保证的。若装配不当,以昂贵代价制造出的高精度合格零件,也会装配出不合格的汽车。因此,装配是保证产品质量的重要环节。

尽管汽车的种类很多,不同类型汽车的结构与总装工艺存在较大的差异,但各类汽车总装线的基本构成与工艺原理却大同小异,轿车总装工艺最具代表性(轿车总装线不但工位数与占用的设备最多,而且自动化程度往往也最高),在此仅以轿车为例,介绍汽车的整车装配。

汽车总装工艺在机械化的流水生产线上完成,其内容包括汽车总成部件的配送、装配,车身的输送及汽车整车的下线检测等内容。

汽车整车装配的特点是零件种类多,数量大,作业内容复杂。装配零部件除发动机、传动系、车身、悬架、车轮、转向系、制动系、空调系等之外,还有大量内外饰件,电器、线束、软管、硬管、玻璃各类油液加注等。汽车总装工作量约占全部制造工作量的20%~25%,其操作内容包括过盈配合、焊接、铆接、黏结、镶嵌、配管、配线、螺纹连接、各类油液定量加注等。图5-2为各类装配作业所占比例。

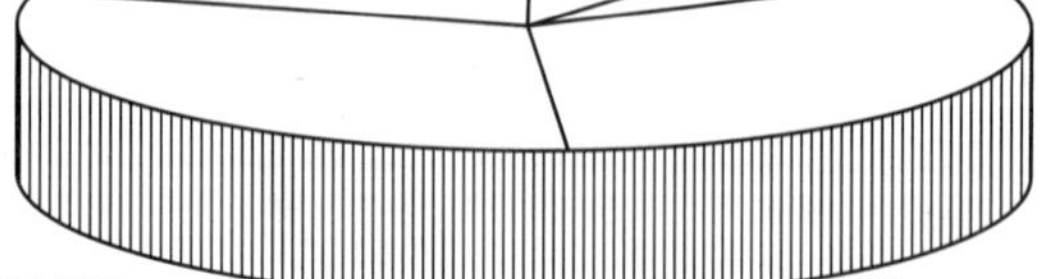

图5-2 总装车间各类装配作业所占比例

装配的生产组织、生产线、设备、工具、检测手段的配备以及提高装配自动化程度的问题,也是汽车制造的重要课题。

任务 2　整车总装的组织

汽车整车装配零件种类多,数量大,作业内容复杂,为保证装配质量,提高劳动生产率,总装车间的生产组织与管理非常重要。

汽车整车装配的组织形式根据产品的结构特点,从装配工艺角度将其分解成为可单独组织装配的单元,以便合理安排人员、设备和工作地点,组织平行、流水作业。故装配可以分为分装和总装(含内、外装饰),其成品分别称为分总成、总成和整车。为保证最终产品的质量,对每一级装配成品都要设试验、检测工序即总成试验与整车试验。图 5-3 为装配单元示意图。

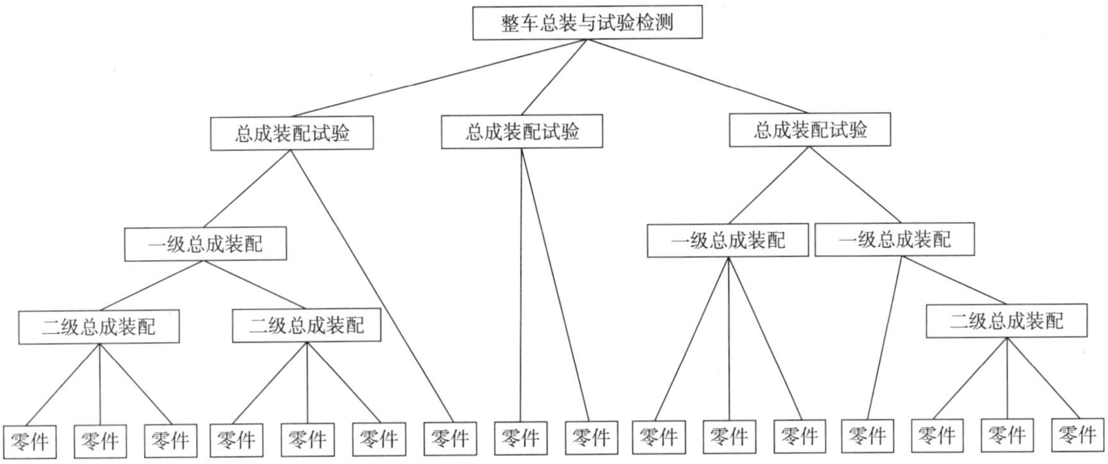

图 5-3　装配单元示意图

对于整车和可以单独组织装配的大型总成(例如发动机等),其装配生产组织,可以分为固定式装配和流水式装配两大类。

1)固定式装配

装配对象的基础件安放在固定工位上,工人将零件和总成按次序逐一安装,最后形成成品的装配方式称固定式装配。这是原始的最简单的生产方式,在装配过程中允许对零件进行加工、修理和选配,零件不具有(或很少具有)互换性,装配以手工操作为主,一般不采用复杂的工艺设备,对工人的技术水平要求很高,而劳动生产率较低。这种生产方式只适用于个别品位极高,需求量很少的特种用车,批量生产较少采用。

2)流水式装配

产品随输送装置在多工位生产线上按装配顺序由一个工位向另一个工位移动,在每个工位按工艺规程完成一定的装配工序,最后完成整个产品的装配形式,称流水式装配。这种生产组织形式将整车各个零部件上线和装配动作划分为一个个工序,每个工位完成若干个工序内容,每个工人只需要熟悉某个或某几个工序即可上线操作,各工位配以必要的设备和工具,可大幅度提高劳动生产率,且保证产品质量。根据产品及其生产批量不同的需要,产品在生产线上的移动可以是自由的,也可以是强制的。

(1)自由流水方式:产品的工序间移动没有严格的时间要求,生产的节拍不在单一产品上体现,允许工序间有待装配产品的积存,使生产具有一定的柔性,这种方式主要用于小型部件或总成装配,适用于多品种成批生产。

(2)强制流水方式:产品的工序间移动以某种形式的机械化输送装置来实现,有严格的节拍,要求工人必须在规定的节拍时间内完成规定的全部装配工序。这种方式适用于大批量生产,在目前汽车装配生产中应用最广。强制流水方式又分为间歇式流水装配和连续式流水装配。

①强制间歇式流水装配:即产品在输送装置上完成周期性移动后,工人在该工位上对每个产品完成同一装配工序,而后产品按节拍要求进行下一个周期的移动。此时生产节拍 = 工序操作时间 + 位移时间。很显然,产品的移动占用了一定的时间,造成了工时浪费。因此,这种方式对整车装配而言只适用于产量小、生产节拍较长的装配生产,如重型汽车、大到客车等。

②强制连续式流水装配:即产品按严格的生产节拍在输送装置上连续缓慢移动,工人在固定的区域范围内按节拍时间要求完成规定的装配工序。此时产品的移动时间重叠在作业时间内,而每道工序的工时安排必须等于或略少于节拍时间,生产线才能正常运行。这种方式是大批量生产的汽车总装车间常用的生产组织形式。

由于各总装厂的厂址条件、产品与产量以及各种内、外部条件的差异,装配的生产方式也各不相同。

任务3　整车总装的管理

1. 装配作业标准

至今汽车总装配仍属劳动密集型作业，手工操作仍占相当比重，作业繁杂，特别是轿车装配线上的作业，所用零部件和材料的种类繁多，形状、尺寸各异，加之装配操作的内容复杂，工人在车内外进出频繁，另外还有车身下部作业，在这样的条件下，为了保证装配质量，必须制订出高质量的工艺文件，来指导操作工人作业。装配工艺文件一般包括“装配工艺卡”和“装配工位卡”，也称装配作业标准。指导工人操作的是装配作业标准，操作人员必须具有质量意识，严格执行装配作业标准。

1）装配作业标准

（1）操作要点：说明部件的装配顺序及每一装配工序的配装时间。例如，当采用螺栓装配时，应该说明螺栓拧紧的顺序和拧紧技术要求。

（2）质量要求：装配完成后应进行自检，操作工人必须知道产品质量的控制数据，如紧固件的拧紧力矩要求、液体的加注量要求等。

（3）装配工具和设备：指明操作时所用的装配工具和设备的型号及规格，装配车辆的型号以及装配零件的名称、编号、规格。

（4）零件装配关系图：这种图是轴测图，立体感强，非常直观，为操作工人提供了极大方便。

2）编制装配作业标准

装配作业属于集体劳动工序，故提高劳动效率显得非常重要。在车型品种多、设备及平面布置等条件的限制下，为了使作业质量保持稳定，并消除窝工、停顿等不必要的损失，必须使每个工人的操作时间与生产节拍相吻合，以达到平衡生产。而要达到上述目的，必须合理地编制装配作业标准。

编制装配作业标准应遵循的原则是：

（1）以汽车结构所决定的零部件装配绝对顺序编制。

（2）对不受原有设备和生产线限制的新建厂应考虑采用先进的装配方法，采用高效率的设备工具实现工序的机械化和自动化。

（3）将产品划分成各个独立的装配单元，尽可能减少总装线上的工作量。

（4）每个操作工人的作业时间尽可能相等并等于或略小于装配节拍。

以上述原则为基础，首先编制主要零部件的装配作业顺序；然后根据装配线上的设备条件加以修正。若新建厂则需确定装配方法和选择设备，再确定每道工序的作业时间。这就大致完成了装配作业编制工作。以这种作业编制为基础，根据生产纲领确定每一生产工人的操作时间。为了平衡操作时间，可加入小型零件的装配来进行调整，最后制定出装配作业标准。

2. 装配质量管理

装配作业以手工操作为主，操作人员素质是保证质量的基础。因此，在操作者上岗之前，必须对其进行充分的作业教育和培训,使其熟悉装配作业标准,熟练掌握各种设备、工具的使用和维护方法以及零部件的物流供储方式;另外还需要对其进行质量意识和安全意识等方面的严格培训。培训结束后需对操作者从以下几方面进行资格审查:

(1)是否具备保证装配质量的意识。

(2)是否按照作业标准进行装配作业。

(3)是否了解本工位的特殊工艺规定。

(4)是否熟悉本工位的零部件及其编号。

(5)能否正确使用和维护本工位设备和工具。

(6)能否在所规定的时间内完成操作。

(7)是否了解本工位的安全因素。

(8)是否进行自主检查。

只有达到上述要求的操作者才能上岗作业,这样才能充分保证整车装配质量。

保证质量的另一方面,需强化工序质量控制,在装配线上设检查调整工位,使装配过程中的质量缺陷在线上消除。加强重要装配工位的在线检测,如采用专门的仪器或设备检测制动力和调整制动行程,进行汽车电气综合检测等,发现问题及时解决。这样才能大大减少整车返修的工作量,保证整车出厂质量。

3. 装配车间生产管理系统

由于轿车生产属大批量生产,并且车型品种繁多。因此,计算机技术在车间生产管理上得到了广泛应用。车间生产管理系统一般由以下几部分组成:生产顺序指示和零部件供应顺序控制系统、生产线自动控制系统、质量信息反馈系统、工业电视监视系统、显示系统,如图5-4所示。

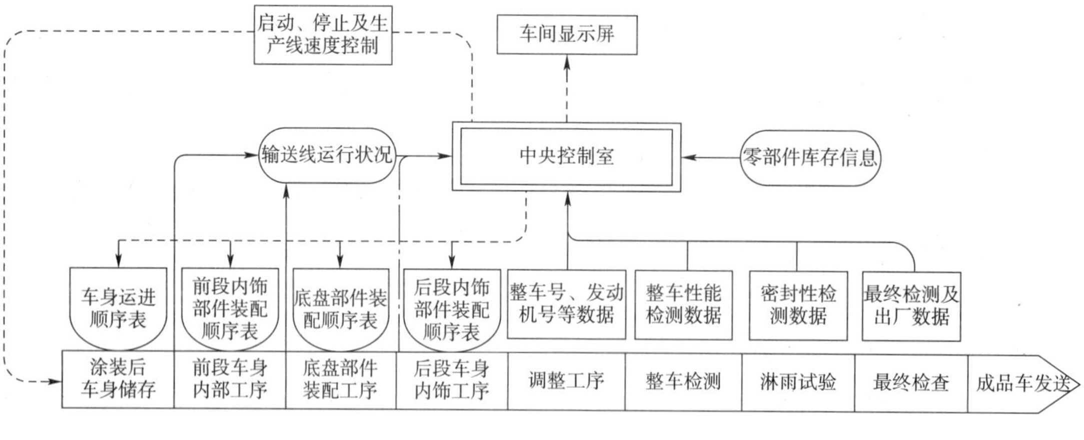

图5-4 装配车间生产管理系统简图

计算机管理系统一般采用集中控制方式,设中央控制室。所有控制装置、工业电视监视装置等均放在控制室内,安装于控制室外的终端设备(显示屏、键盘输入装置、读码器等)均通过电线电缆与控制室各主机设备连接,向主机传递信息或接收指令。

1)生产顺序指示和零部件供应顺序控制系统

根据轿车的结构特点，一种系列车型可能有几百种形式，零部件的组合有数万种，并且焊接工艺和涂装工艺有一定的返修量。因此，送到装配车间的车身顺序与原生产计划安排的顺序会有一定的差别，故需在生产管理系统中设置一套自动识别车身类型的装置。首先必须将涂装后的车身储存起来以便控制装配顺序，并将下述内容输入计算机中：生产计划号，根据市场需求的优先顺序，前道工序生产情况，不同车型的作业负荷率，零部件的库存情况等。综合上述因素，计算机将所需要涂装好的车身从储存线自动输送到装配线上，并向装配线发出零部件供应顺序指示，如图 5-5 所示。

图 5-5 一汽红旗 HQ3 轿车生产线的生产顺序指示看板

2）生产线自动控制系统

轿车装配生产线属于高效率生产线，因此总装配线输送机不是一个孤立的系统，而是与其他分装线输送设备或工艺设备组成一个整体。为保证均衡生产，在中央控制室内设生产线自动控制系统，控制输送机的启动、停止以及速度调整。该系统可对设备和各生产线的运行状态信息进行分类处理、存储和显示，如在控制室内设显示板，显示运转、停止、故障部位，生产线运行速度，停止次数和累计时间，发生停止的原因和部位，一旦发生生产线停止的情况，相关人员便可立刻知道故障的地点，有利于尽快查明原因，解除故障，提高开动率。总之，该系统可实现对整条生产线设备的监控和预警，使之处于正常工作状态。图 5-6 是广汽丰田总装线的自动控制系统。

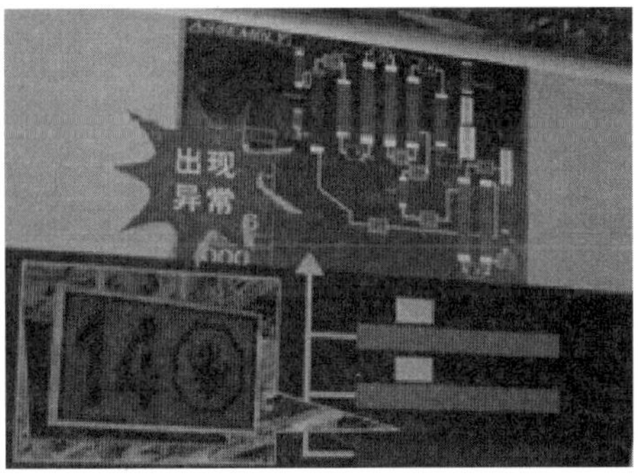

图 5-6 广汽丰田生产线自动控制系统

3）质量信息反馈系统

在生产线的重要工位设检验人员，将所装车的质量信息，包括车身编号、检查出来的不合格项目、不合格程度等数据输入计算机，从而在计算机中储存了每一车辆的质量信息，计算机可将所储存车辆的不合格数据进行分类并对质量数据进行统计分析，通知该工序的操作人员采取防止不合格项目的措施。

4）工业电视监视系统

在重要的装配工位设置摄像机，各摄像机的视频信号通过设在控制室的监视器可固定显示或顺序显示。同时，信号经分配器分路送到生产调度室、经理室等有关管理部门，以便掌握生产情况，便于调度和管理。

5）显示系统

在车间内设大型显示屏，显示日期、时间、当日计划产量、当时生产数量、设备运行状况等信息，如图5-7和图5-8所示。

图5-7　丰田公司装配线上的显示屏系统

图5-8　红旗HQ3轿车装配线的物流电子看板

4. 零部件供应管理

为了按计划及时供应零部件，必须根据生产计划与装配顺序计划，考虑适当的库存量，制订零部件供应计划表，并向各部件供应部门发出指示，然后将零部件编号、供应部门代号、数量等数据输入控制室中的计算机内。计算机记录着最佳库存量，一旦库存异常，就能发出警告信号，通知管理人员。

任务4　整车总装的工艺过程

1. 车间工艺流程

某公司轿车总装车间工艺流程如图5-9所示。

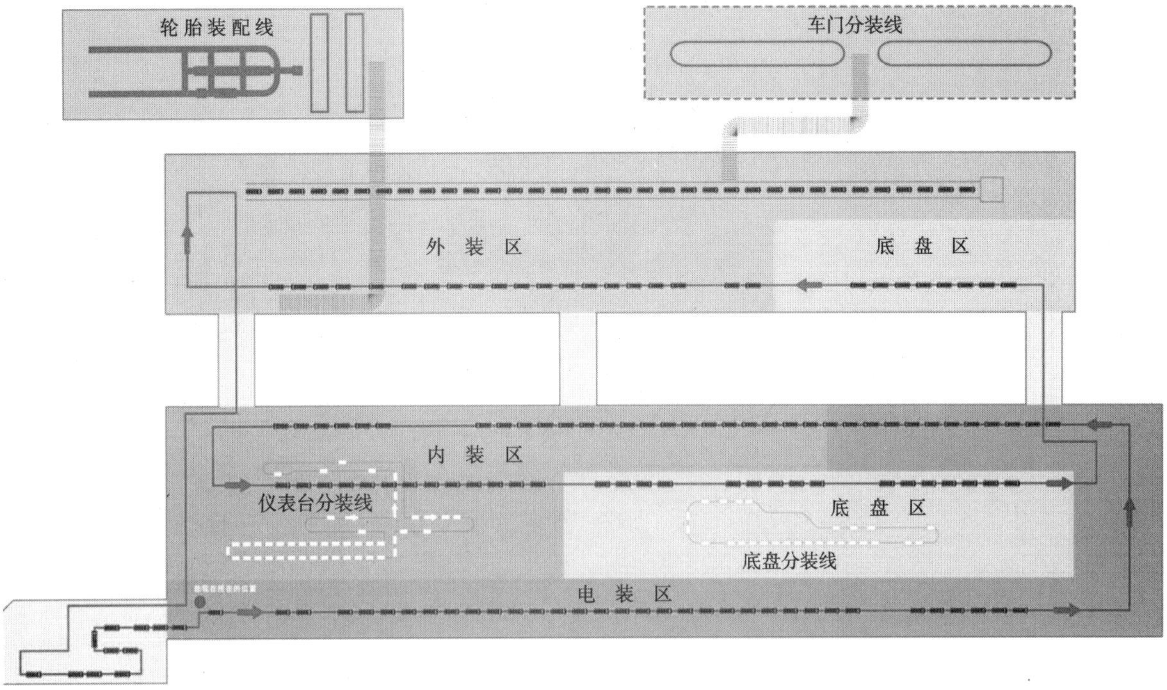

图5-9　某公司轿车总装工艺流程图

在进行车间平面布置时，首先需根据轿车的结构特点编制装配工艺过程卡，内容包括轿车各零部件的装配顺序，采用的装配工具、装配设备及每一工序所需要的装配时间，然后以装配工艺卡为基础，根据生产纲领、平均工作密度计算出装配节拍、装配线的工位数和设备台数。再根据厂址条件、零部件的供应方式、车间的物流等综合因素进行车间平面布置，应力求使各生产线的布置符合生产过程规定的工艺顺序，使零件、部件及成品的运输路线为最短。

2. 生产线组成及工艺特点

从上述工艺流程可以看出，为了提高汽车整车的装配效率，通常在汽车总装线的旁边设置若干个汽车主要总成部件的分装线，如仪表台分装线、车门分装线、底盘分装线等。

为了简化总装工艺、提高总装效率，汽车总装已普遍实现了模块化生产，即将多个总成部件按照其装配关系或功能的关联性组合成一个个的装配模块。不同厂家其组合方式会略有差异，不同年代建成的汽车总装厂，其装配模块的差异更大。

1) 总装生产线及工艺特点

根据轿车大多数为承载式车身的结构特点，其装配特点是以车身为装配基础件，所有总成、零件都依附于车身上。如图5-1所示,为某汽车制造公司汽车总装工艺流程简图。

(1)电装生产线(图5-10):主要进行线束(包括机舱主线束、机舱右线束、地板左线束、地板右线束、中梁线束五大整车线束)、天窗、ABS、制动主缸、散热器等部件的装配工作。

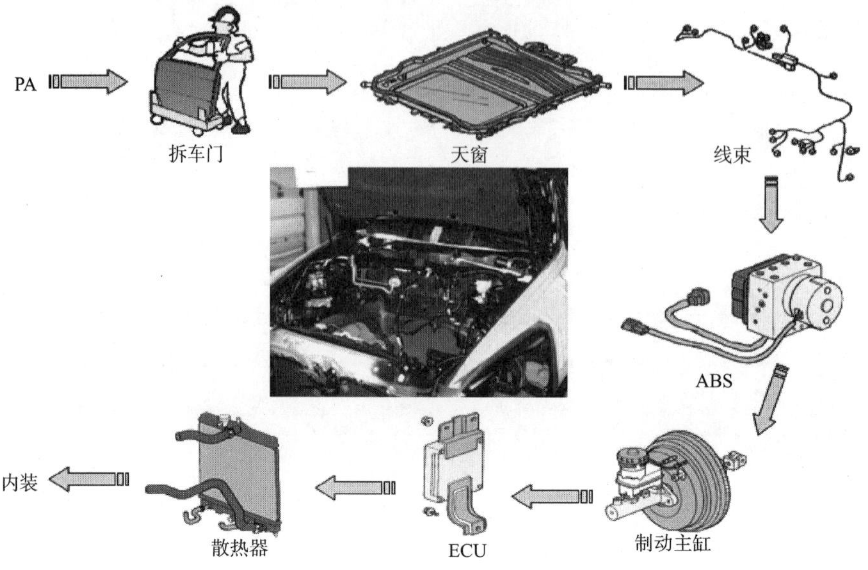

图5-10　某公司电装机能区工艺流程图

(2)内装生产线(图5-11):主要进行地毯、顶篷、安全带、风机、仪表台等部件的装配工作。

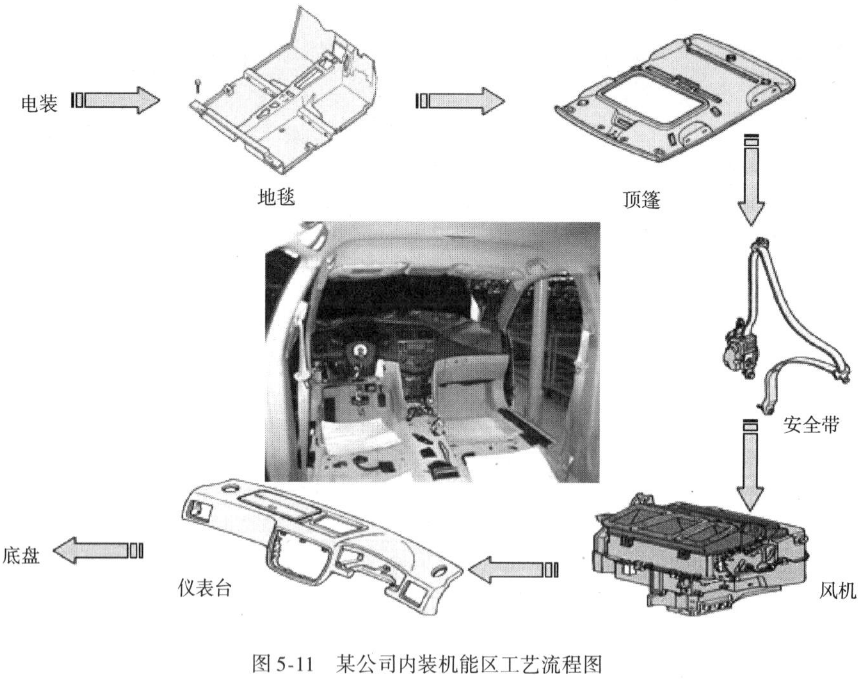

图5-11　某公司内装机能区工艺流程图

(3)底盘生产线(图5-12):主要进行油箱、发动机和变速器动力总成、前悬架、后悬架、传动轴、排气管等车底部件的装配。

根据各种不同的车型结构,底盘部件装配可以采用模块化装配,即将分装好的发动机与变速器总成、前悬架总成、发动机前托架(带三角臂、转向器、横向稳定杆等)、传动轴、排气管、油箱、后悬架等底盘部件安装并定位到合装小车上,合装小车在合装区可与底盘装配线同步运行。小车上设有液压举升装置,将分装好的底盘合装件直接举升上线与车身合装。

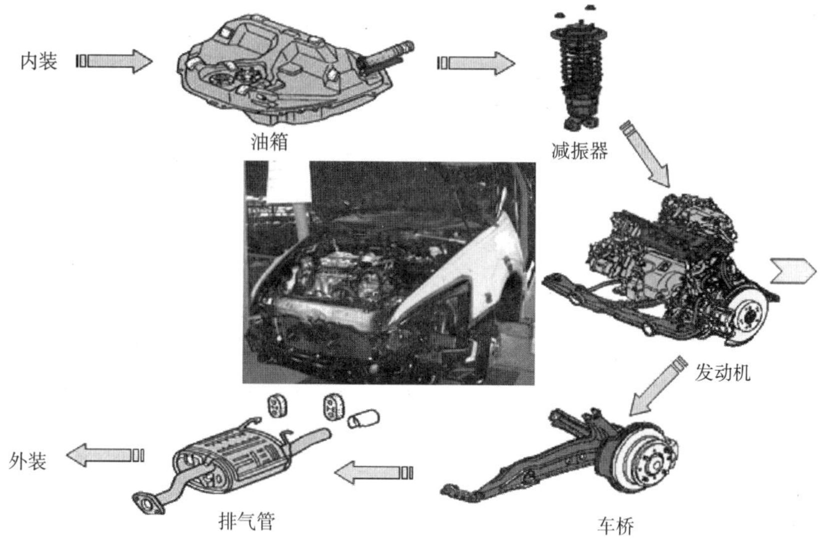

图5-12 某公司底盘机能区工艺流程图

(4)外装复合生产线(图5-13):主要进行前后保险杠、座椅、前照灯、风窗玻璃、轮胎的装配,以及燃油、制动液、冷却液及制冷剂等各种油液的加注工作。

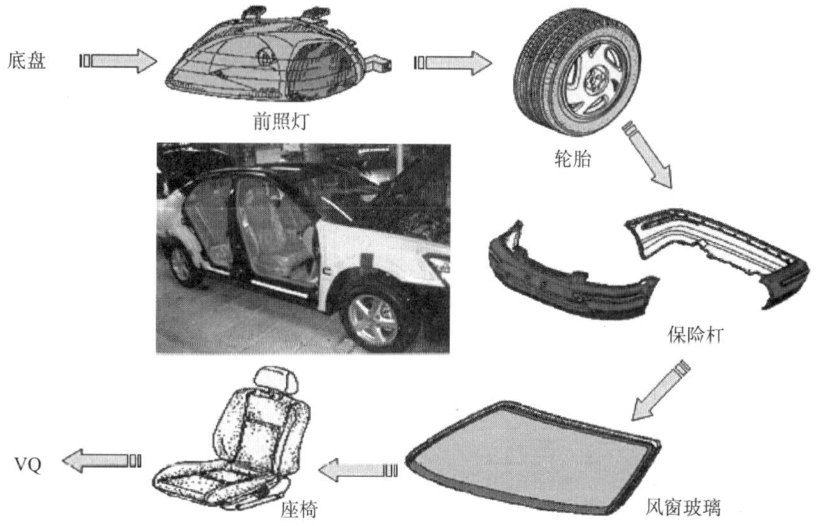

图5-13 某公司外装复合机能区工艺流程图

为了保证质量,制动液、冷却液及制冷剂加注前需进行必要的检测和抽真空,具体方法如下。

①制动液加注:由于在制动系统内可能存在泄漏和含有水分等其他杂质的情况,因此,在加注制动液时应进行制动系统的渗漏检查。首先采用液氮扫除制动系统中的空气,并干燥、净化汽车制动系,然后分两次抽真空。第一次抽真空达到一定的真空度后保持一定时间,如变化不大,则表示没有渗漏,第二次抽真空进行制动液加注。如发现泄漏,则应作标记,并在返修区进行检查返修。

②冷却液加注:在加注冷却液前,需进行油、水密封性检测。水循环系统的密封性检测,主要是检测散热器、水管、缸体水道及水泵的密封性。测试时,将水管塞头与水箱口相连,加压,并保持一段时间。无

压力下降，则为正常，可以加注冷却液；在加注冷却液时需要进行抽真空，获得一定的真空度后，方可加注。

③制冷剂加注：在加注制冷剂之前，要进行两次抽真空检测，一次用氮气加压扫除制动系统中的空气，如无泄漏则进行加注。第一次抽真空，达到一定的真空度后保持一定时间，若无明显变化，则说明无大的泄漏。继续抽真空，达到一定的真空度保持一定的时间，若无明显的变化，则说明无小的泄漏，可以进行加压检测。液氮加压扫气的目的，一是为了检测制冷系统有无由内向外的渗漏，二是为了扫除制冷系统内的潮湿空气，以便加注纯净干燥的制冷剂。加注时，将加注头接到制冷系统的高低压油管接头上，操作工只需启动自动检测加注循环程序，即可自动完成加注任务。

④燃油加注：一些生产厂在进行燃油加注前首先进行供油系统的密封性检测，主要是检查燃油箱到化油器前各管路的密封性。测试前，将燃油箱通大气的管口及通往化油器前的供油管路夹住，然后将检测设备的气源塞头与油箱口相连，加压检查，并保持一段时间，若无压力下降，则油路密封正常，可以加注燃油。

2）分装线及工艺特点

分装线主要包括：仪表板总成分装线、车门分装线、散热器总成分装线、车轮总成分装线、前后悬架总成分装线、发动机与变速器动力总成分装线等。

（1）仪表板总成分装线（图5-14）。仪表板总成分装线可以采用空中悬挂式，也可以采用地面式。空中悬挂式一般为带吊具的普通悬挂输送机和积放式悬挂输送机。地面式一般采用带随行夹具高出地面的双链牵引输送线，为了便于操作，夹具可翻转一定角度，并设有定位机构。在分装线上配有线束检测仪。

图5-14　仪表板分总成完成后等待装入车身

在仪表板分装线上分装部件一般包括转向柱、仪表板框架、组合仪表、仪表板线束、组合开关、收放机、空调鼓风机、暖风热交换器、蒸发器及壳体总成等。仪表板分装完成后，采用线束检测仪100%进行仪表板功能检测，主要检测仪表板功能是否正常，检测时，将仪表板总成的相关线束插头与仪表板线束检测仪的对应接口接上，启动检测按钮，即可逐项检测转向、灯光、报警等功能，检测完毕后，根据仪表板总成上所贴的条形码由计算机控制上线，从而保证不同车型安装相应型号的仪表板总成。

（2）车门分装线（图5-15）。车门分装线的形式与仪表板分装线的形式基本相同，也包括空中悬挂式和地面式两种。在分装线上主要进行门锁、玻璃升降器、防水帘、玻璃、内饰板、内手柄、密封条等部件的装配。

车门分装工艺被越来越广泛地采用。这主要是由于采用这种工艺不仅可以提高车门零件的装配效率，便于实现自动化装配，而且拆掉车门后，便于进出车厢进行座椅、仪表板及车身内部其他零部件的装配。

(3)前后悬架总成分装线和发动机与变速器动力总成分装线(图5-16)。前后悬架总成分装线和发动机与变速器动力总成分装线根据不同的车型结构，若不带副车架，一般采用环形地链牵引小车式，小车上设有液压举升装置，可与底盘装配线同步运行，直接上线。

图5-15　车门分装线

图5-16　动力总成分装线

(4)风窗玻璃分装。风窗玻璃分装主要包括粘胶部位的清洁、涂胶预处理、安装玻璃密封条等。分装完成后，由人工将玻璃放到玻璃放置台上，然后由自动涂胶机和高精度机械手自动完成玻璃位置找正，自动涂上一整圈胶，自动将玻璃用吸盘吸起，最后自动将玻璃装到车身上。

3. 整车检测线

整车出厂检测是汽车生产过程对整车质量以及零部件功能进行综合检测的一个至关重要的环节。为确保整车的出厂质量，整车装配完成后，要在整车检测线上对其主要性能进行检测，并进行必要的调整。目前，国内几大轿车生产厂均采用计算机控制全自动检测线，该检测线可对整车质量检测实现自动控制、自动采集数据和判定、自动打印输出检测结果。由于车型不同，各厂检测线的组成也略有不同。图5-17为整车检测线的一般组成。

除上述检测项目之外，一些生产厂在检测线上还进行外观检查以及配备整车电气综合检测设备，检侧线上具体的检测内容如下。

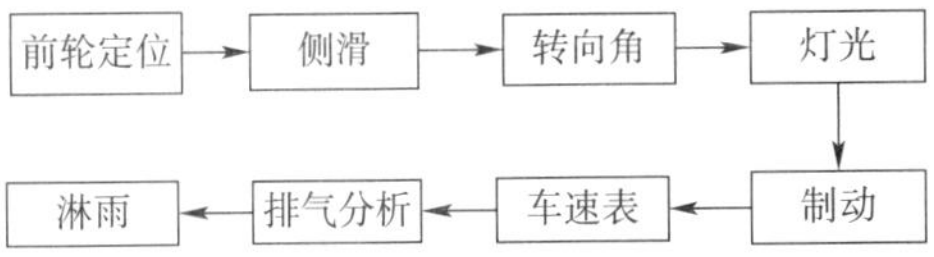

图5-17　整车检测线的一般组成

(1)外观检查。主要检查车身面漆质量、表面有无划伤、碰伤，车门及车窗密封条的装配间隙是否正常，紧固件的拧紧力矩是否满足要求，以及有无漏装、错装等现象。对不合格项在返修区进行返修。

(2)12V外接电源起动发动机试运转。为了保证安装到车上的12V蓄电池在出厂时电量充足，有的生产厂在检测线上设有12V外接电源，用它来起动发动机运转一定时间，以保证以后用装车蓄电池能够顺利起动发动机。

(3)车轮定位参数检测(图5-18)。主要检测车轮前束和外倾角，在检测线上一般仅对前束进行调整

(图5-19),其他参数由产品结构保证。不同的生产厂所采用的车轮定位检测设备不同,因此,检测方法也不相同。某轿车厂车轮定位参数检测过程为:汽车驶上车轮调整仪,四个车轮定位卡盘自动靠在四个车轮上,同时测出四个车轮的外倾角和前束值,并在显示屏上显示测定值。前束不合格时,可以在该检测台上通过观察显示屏的读数变化进行调整。

图5-18　车轮定位检查

图5-19　在检测线上进行前束调整

(4)转向角检测。检测汽车转向轮的左、右最大转角。检测方法:将转向盘分别由中间位置向左、右转到最大位置,即可测出内外轮转角。

(5)前照灯检查。检查前照灯发光强度及调整前照灯远光光束照射位置。某轿车厂前照灯的检查方法如下:汽车停在距检测仪光屏1m远的位置。打开远光灯,发动机转速为1 500r/min,此时,检测仪自功跟踪灯光位置,并在表盘上显示发光强度及光束照射位置的数值。通过调节前照灯的调整螺栓,来调整光束照射位置,发光强度规定值应≥15 000cd。

(6)制动性能检查。通过检测前后制动器的制动力,确定行车制动系及驻车制动系的工作是否正常。在检测时,前轮先驶上试验台,施加一定的踏板力,测量每个车轮制动力及左右车轮制动力之差,测得的值应符合规定值。然后后轮驶上试验台,施加同样的踏板力,测量每个车轮制动力及左右车轮制动力之差,应符合规定值。后轮在试验台上时,同时进行驻车制动力检查。

(7)动力传动系统检查及车速表校验。主要是通过换挡加速检查发动机和变速器的工作是否正常,同时检查车速表的指示是否正确。汽车在试验台上起步换挡加速,显示屏显示车速和加速时间,并显示加速时间合格与否。与此同时,检测人员需观察发动机和变速器及其换挡装置有无异常。另外,被试车从低速开始逐渐提高车速,当测试器速度指示值达到一定值时,试验车上车速表指示值应在规定的范围内。

(8)怠速排放污染物检查。采用排气分析仪进行急速排放检测时,发动机应暖机,怠速转速应正常,将分析仪探头插入汽车排气管中,分析仪将CO、HC含量分析结果输入数据处理机,分析结果可由屏幕显示或打印。

(9)防雨密封性检查。该项检查在淋雨试验室内进行,汽车由地面拉链传送通过淋雨试验室,淋雨试验室内有各个方向射出的高压水柱,淋雨试验时间约为3min,将全面测试车体的密封性能和防水性能,试验后车内不得有漏水、渗水现象。

(10)整车电气综合检测及路试检查。使用的设备为整车电气综合检测台。该设备有一个主控制柜,控制程序和软件装在此控制柜的计算机中,有一个带显示及数据采集功能的单片机,并具有结果打印输出功能。

进行检测时,将蓄电池负极拆下,单片机的接头分别与蓄电池正极、主机及拆下的蓄电池负极相接,在主机显示屏控制程序指令中选择车型、车身号等参数后,开始进入检测程序。

整套检测系统不只是对各仪表和灯光的功能进行检测,还对整车各电气系统的电压、电流进行测试,以检查可能存在的接触不良、短路等隐患,保证电气系统的装配质量。

除完成上述检查外,按一定的百分比抽查一定量的整车,在专用的试车道路上进行路试,以确保整车的质量。

4. 整车返修区

经整车检侧线检验不合格的车送往整车返修区。整车返修一般包括机械部件返修、电气部件返修、钣金件返修、补漆等。在返修区一般设有整车举升机、地沟、补漆室以及必要的检测设备。

任务5　整车总装设备的认识

轿车装配所用的设备主要包括五类:输送设备、油液加注设备、出厂检测设备、起重运输设备以及装配零件和总成时所用的各种专用装配设备。

1. 输送设备

输送设备主要用于总装配线、各总成分装线以及大总成的输送。根据轿车装配工艺特点,既有车身内外装饰,也有车下底盘部件装配,因此,轿车总装配线通常由两类输送机组成,一类是高架空中悬挂式输送机,另一类是地面输送机。

空中悬挂式输送机主要形式有普通悬挂输送机、积放式悬挂输送机和自行葫芦输送机(图5-20)。地面输送机主要形式有地面板式输送机(图5-21)、滑橇式输送系统(图5-22)等。

图5-20　EMS自行葫芦空中悬挂输送机

图5-21　地板式地面输送机

图5-22　滑橇式地面输送系统

2. 起重运输设备

轿车装配车间所用的起重设备主要有电动单梁悬挂起重机、单轨电动葫芦、起动葫芦、立柱式旋臂吊等。

运输设备:厂房内运输一般采用电动托盘搬运车(图5-23)、电瓶叉车(图5-24)、手动托盘搬运车等。厂房外运输一般采用内燃机叉车。

图5-23 车间采用的电动托盘搬运车

图5-24 作业中的叉车

发动机、变速器、车桥等大总成,从发动机厂或零部件库至装配工位,一般采用积放式悬挂输送机和自行葫芦输送机运输。

近年,国外又出现一种新的物料搬运设备——自动导向搬运车(AGV)。AGV是一种靠蓄电池驱动按输入程序选择行驶路线及停靠位置的无人驾驶车辆,根据需要,其行驶路线可以修改、延长或缩短。由AGV(图5-25)组成的自动导向搬运系统(AGVS)是一个程序控制系统,通过主计算机对每台小车上的微机进行控制,使小车自动地把物料在准确的时间内送到车间的各个预定位置。另外,它还装有安全报警装置,在行驶中碰到人和障碍物就自动停止。它的优点是可实现对物流的一体化控制,安装灵活,生产线易于调整,可与机器人和输送带等设备配合,便于实现自动化装配。

3. 各种油液加注设备

总装车间内的制动液真空加注设备见图5-26。

图5-25 AVG自行小车图

图5-26 总装车间内的制动液真空加注设备

思考与练习

1. 简述汽车总装的工艺流程及工作内容。
2. 简述汽车总装设备。
3. 现代化总装线具有怎样的优势?
4. 总装线对我们自身有什么要求? 如何使自己胜任此工作?
5. 想一想,当我们处于汽车总装车间工作岗位上时,应该如何利用自身优势来完成此工作。
6. 在总装线上,我们该怎样做,才能保证安全并使质量达标。

附　　录

附录 1　毛坯的制造方法与工艺特点

毛坯制造方法		最大质量（kg）	最小壁厚（mm）	形状复杂程度	适应材料	生产类型	尺寸公差等级（CT）	毛坯尺寸公差（mm）	表面粗糙度（μm）	生产率
冷挤压		小型零件		简单	碳钢、合金钢及有色金属	大批量	6～7	0.02～0.05	R_a1.6～0.8	高
板料冷冲压		板料厚度 0.2～6		复杂	各种板材	大批量	9～12	0.05～0.5	R_a1.6～0.8	高
粉末冶金		尺寸范围 宽 5～120 高 3～40		简单	铁基、铜基	大批量	6～9	0.02～0.05	R_a0.4～0.1	高
焊接	熔化焊	不限制	气焊：1 电弧焊：2 电渣焊：40	简单	碳素钢及合金钢	单件及成批生产	14～16	4～8	—	一般
	压焊		≤12							

附录 2 各种加工方法能够达到的形状与位置经济精度

<table>
<tr><td colspan="7">一、直线度、平面度的经济精度</td></tr>
<tr><td rowspan="2">加工方法</td><td>超精密加工</td><td colspan="2">精密加工</td><td>精加工</td><td>半精加工</td><td>粗加工</td></tr>
<tr><td>超精磨、精研、精密刮</td><td>精密磨、研磨、精刮</td><td>精密车、磨、刮</td><td>精车、铣、刨、拉、粗磨</td><td>半精车、铣、刨、插</td><td>各种粗加工方法</td></tr>
<tr><td>公差等级</td><td>1 ~ 2</td><td>3 ~ 4</td><td>5 ~ 6</td><td>7 ~ 8</td><td>9 ~ 10</td><td>11 ~ 12</td></tr>
<tr><td colspan="7">二、圆度、圆柱度的经济精度</td></tr>
<tr><td rowspan="2">加工方法</td><td>超精密加工</td><td colspan="2">精密加工</td><td>精加工</td><td>半精加工</td><td>粗加工</td></tr>
<tr><td>研磨、精密磨、精密金刚镗</td><td colspan="2">精密车、精密镗、精密磨、金刚镗、研磨、珩磨</td><td>精车、精镗、磨、珩、拉、精铰</td><td>半精车、镗、铰、拉、精扩、钻</td><td>粗车、粗镗、钻</td></tr>
<tr><td>公差等级</td><td>1 ~ 2</td><td colspan="2">3 ~ 4</td><td>5 ~ 6</td><td>7 ~ 8</td><td>9 ~ 10</td></tr>
<tr><td colspan="7">三、平行度、倾斜度、垂直度的经济精度</td></tr>
<tr><td rowspan="2">加工方法</td><td>超精密加工</td><td colspan="2">精密加工</td><td>精加工</td><td>半精加工</td><td>粗加工</td></tr>
<tr><td>超精研、精密磨、精刮、金刚石加工</td><td colspan="2">精密车、研磨、精磨、刮、珩</td><td>精车、镗、铣、刨、磨、刮、珩、坐标镗</td><td>半精车、镗、铣、刨、粗磨、导套钻、铰</td><td>各种粗加工方法</td></tr>
<tr><td>公差等级</td><td>1 ~ 2</td><td colspan="2">3 ~ 4</td><td>5 ~ 7</td><td>8 ~ 10</td><td>11 ~ 12</td></tr>
<tr><td colspan="7">四、同轴度、圆跳动、全跳动的经济精度</td></tr>
<tr><td rowspan="2">加工方法</td><td>超精密加工</td><td colspan="2">精密加工</td><td>精加工</td><td>半精加工</td><td>粗加工</td></tr>
<tr><td>研磨、精度磨、精密金刚石加工、珩磨</td><td colspan="2">精密车、精密磨、内圆磨(一次安装)、研磨、珩磨</td><td>精车、磨、内圆磨及镗(一次安装加工)</td><td>半精车、镗、铰、拉、粗磨</td><td>粗车、镗、钻</td></tr>
<tr><td>公差等级</td><td>1 ~ 2</td><td colspan="2">3 ~ 4</td><td>5 ~ 6</td><td>7 ~ 9</td><td>10 ~ 12</td></tr>
</table>

附录3　硬质合金的代号、应用范围及性能

代号	被加工材料	加工条件	性能提高方向			
			切削性能		材料性能	
01	钢、铸钢	高切削速度、小切削断面、无振动条件下的精车和精镗	切削速度	进给量	耐磨性	韧性
P10	钢、铸钢	高切削速度、中等或小断面切削条件下的车削、仿形车削、车螺纹及铣削				
P20	钢、铸钢、长切削可锻铸铁	中等切削速度和中等切削断面条件下的车削、仿形车削和铣削，小切削断面的刨削				
P30	钢、铸钢、长切削可锻铸铁	中或低切削速度、中等或大切削断面以及不利条件下的车削				
P40	钢、含砂和气孔的铸钢	低切削速度、大切削角、大切削断面以及不利条件下的车削、铣削、插削和自动机床加工				
P50	钢、含砂和气孔的中或低强度钢铸件	需要韧性很好的硬质合金的加工，在低切削速度、大切削角、大切削断面以及不利条件下的车削、刨削、切槽和自动机床加工				
M10	钢、铸钢、锰钢、灰铸铁和合金铸铁	中或高切削速度、小或中等切削断面条件下的车削	切削速度	进给量	耐磨性	韧性
M20	钢、铸钢、奥氏体钢或锰钢、灰铸铁	中等切削速度和中等切削断面条件下的车削、铣削				
M30	钢、铸钢、奥氏体钢、灰铸铁、耐高温合金	中等切削速度、中等或大切削断面条件下的车削、铣削、刨削				
M40	易切钢、低强度钢、有色金属及轻合金	车削、切断、特别适用于自动机床加工				
K01	特硬灰铸铁、硬度大于85HS的冷硬铸铁、高硅铝合金、淬火钢、高耐磨塑料、硬纸板、陶瓷	车削、精车、铣削、镗削、刮削	切削速度	进给量	耐磨性	韧性
K10	硬度大于220HS的灰铸铁、短切削可锻铸铁、淬火钢、硅铝合金、铜合金、塑料、玻璃、硬橡皮、硬纸板、瓷器、石材	车削、铣削、钻削、镗削、拉削、刮削				
K20	硬度小于220HS的灰铸铁、有色金属：铜、黄铜、铝	车削、铣削、刨削、镗削、拉削要求韧性很好的硬质合金				
K30	低硬度灰铸铁、低强度钢、压缩木料	在不利条件下和允许具有大切削角的车削、铣削、刨削、切槽加工				
K40	软木或硬木、有色金属	在不利条件下和允许具有大切削角的车削、铣削、刨削、切槽加工				

注：不利条件系指原材料或带表皮的铸件或锻件，其硬度不均、背吃刀量不均、间断切削以及在有振动的情况下工作等。

附录4 表面粗糙度选用表

序号	标准 Ra 值 (μm)	表面状况	加工方法	应用举例
1	<100	明显可见的刀痕	粗车、镗、刨、钻	粗加工的表面，如粗车、粗刨、切断等表面，用粗镗刀和粗砂轮等加工的表面，一般很少采用
2	<25~50	明显可见的刀痕	粗车、镗、刨、钻	粗加工后的表面，焊接前的焊缝、粗钻孔壁等
3	<12.5	可见刀痕	粗车、刨、铣、钻	一般非结合表面，如轴的端面、倒角、齿轮及皮带轮的侧面、键槽的非工作表面，减重孔眼表面
4	<6.3	可见加工痕迹	车、镗、刨、钻、铣、锉、磨、粗铰、铣齿	不重要零件的配合表面，如支柱、支架、外壳、衬套、轴、盖等的端面；紧固件的自由表面，紧固件通孔的表面，内、外花键的非定心表面，不作为计量基准的齿轮顶圈圆表面等
5	<3.2	微见加工痕迹	车、镗、刨、铣、刮 1~2 点/cm^2、拉、磨、锉、滚压、铣齿	和其他零件连接不形成配合的表面，如箱体、外壳、端盖等零件的端面；要求有定心及配合特性的固定支承面，如定心的轴键，键和键槽的工作表面；不重要的紧固螺纹表面；需要滚花或氧化处理的表面
6	<1.6	看不清加工痕迹	车、镗、刨、铣、铰、拉、磨、滚压、刮 1~2 点/cm^2铣齿	安装直径超过80mm的G级轴承的外壳孔，普通精度齿轮的齿面，定位销孔，V形带轮的表面，外径定心的内花键外径，轴承盖的定中心凸肩表面
7	<0.8	可辨加工痕迹的方向	车、镗、拉、磨、立铣，刮3~10点/cm^2滚压	要求保证定心及配合特性的表面，如锥销与圆柱销的表面，与G级精度滚动轴承相配合的轴径和外壳孔，中速转动的轴径，直径超过80mm的E、D级滚动轴承配合的轴径及外壳孔，内、外花键的定心内径，外花键键侧及定心外径，过盈配合IT7级的孔(H7)，间隙配合IT8~IT9级的孔(H8,H9)，磨削的齿轮表面等
8	<0.4	微辨加工痕迹的方向	铰、磨、镗、拉、刮3~10点/cm^2滚压	要求长期保持配合性质稳定的配合表面，IT7级的轴、孔配合表面，精度较高的齿轮表面，受交变应力作用的重要零件，与直径小于80mm的E、D级轴承配合的轴径表面，与橡胶密封件接触的轴的表面，尺寸大于120mm的IT13~IT16级孔和轴用量规的测量表面
9	<0.2	不可辨加工痕迹的方向	砂布轮磨、磨、研磨、超级加工	工作时受交变应力作用的重要零件的表面；保证零件的疲劳强度、防腐性和耐久性，并在工作时不破坏配合性质的表面；如轴径表面，要求气密的表面和支承表面，圆锥定心表面等；IT5、IT6级配合表面、高精度齿轮的表面，与G级滚动轴承配合的轴径表面，尺寸大于315mm的IT7~IT9级孔和轴用量规尺寸大于120~315mm的IT10~IT12级孔和轴用量规的测量表面等

续上表

序 号	标准 Ra 值（μm）	表面状况	加工方法	应用举例
10	<0.1	暗光泽面	超级加工	工作时承受较大交变应力作用的重要零件的表面，保证精确定心的锥体表面，液压传动用的孔表面；汽缸套的内表面，活塞销的外表面，仪器导轨面，阀的工作面；尺寸小于120mm的IT10～IT12级孔和轴用量规测量面等
11	<0.05	亮光泽面	超级加工	保证高度气密性的接合表面，如活塞、柱塞和汽缸内表面，摩擦离合器的摩擦表面；对同轴度有精确要求的孔和轴；滚动导轨中的钢球或滚子和高速摩擦的工作表面
12	<0.025	镜面光泽面	超级加工	高压柱塞泵中柱塞和柱塞套的配合表面，中等精度仪器零件配合表面，尺寸大于120mm的IT6级孔用量规、小于120mm的IT7～IT9级轴用和孔用量规测量表面
13	<0.012	雾状镜面	超级加工	仪器的测量表面和配合表面，尺寸超过100mm的块规工作面
14	<0.0063	雾状镜面	超级加工	块规的工作表面，高精度测量仪器的测量面，高精度仪器摩擦机构的支承表面

参考文献

[1] 丁柏群,王晓娟.汽车制造工艺技术[M].北京:国防工业出版社,2008.
[2] 何耀华.汽车制造工艺[M].北京:机械工业出版社,2012.
[3] 宋晓林.汽车车身制造工艺学[M].北京:北京理工大学出版社,2006.
[4] 韩英淳.汽车制造工艺学[M].北京:人民交通出版社,2009.
[5] 王明耀,张兆隆.机械制造技术[M].北京:高等教育出版社,2001.
[6] 顾嵩衔.机械制造工艺学[M].西安:陕西科学技术出版社,1994.
[7] 曾东建.汽车制造工艺学[M].北京:机械工业出版社,2006.
[8] 王宝玺.汽车拖拉机制造工艺学[M].北京:机械工业出版社,2006.
[9] 郭溪茗,宁晓波.机械加工技术[M].北京:高等教育出版社,2005.
[10] 徐小东.机械制造工艺项目教程[M].北京:电子工业出版社,2012.
[11] 王忠诚,孙向东.汽车零部件热处理技术[M].北京:化工工业出版社,2007.
[12] 丰田汽车公司.汽车基本常识与工作原理[M].北京:高等教育出版社,2006.
[13] 欧阳爱国.汽车技术实训(专业篇)[M].北京:北京理工大学出版社,2007.
[14] 王永伦.汽车制造工艺基础[M].北京:机械工业出版社,2012.
[15] 刘建华.汽车钣金基本工艺与设备[M].北京:机械工业出版社,2009.